세상 어디에도 없는

홈 인테리어 위빙

리즈 깁슨 지음   정현진 옮김

차례

시작하며 4

1부 홈 인테리어 위빙
1장 인테리어용 실 6
2장 리지드 헤들룸 위빙 18
3장 위빙 준비 30

2부 위빙 작업
4장 주방 34
  네 가지 패턴의 행주 36
  재활용 천 래그 러그 40
  경쾌한 느낌의 행주 46
  산뜻한 브레드 클로스 50
  리넨&레이스 카페 커튼 54

5장 다이닝룸 60
  헴프 찻주전자 받침 62
  칸 띄우기 식탁 매트 66
  트윌 테이블 러너 70
  프린지 냅킨 76
  우아한 리넨 식탁 매트 80
  검프 테이블 러너 84
  마음대로 테이블 러너 88

6장 거실 92
  허드슨 베이 블랭킷 94
  트위드&트윌 쿠션 98
  화려한 테이블 스퀘어 104
  오버사이즈 머그 러그 108
  혼합 날실 쿠션 112
  더블 위브 쿠션 116

7장 욕실 122
  리넨 타월 124
  보더 패턴 핸드 타월 128
  크록브래드 러그 132

3부 위빙의 시작&끝
8장 리지드 헤들룸 정경 136
9장 위빙 마무리 150

용어 해설 162
참고 도서/ 재료 판매처 164
찾아보기 166

시작하며

개인적으로, 삶의 조용하고 사색적인 순간을 즐긴다. 한 솥 가득 수프 끓이기, 소파에서 몸을 웅크린 채 좋은 책 읽기, 개와 함께 멀리 산책하기를 좋아한다. 이 모든 명상적인 순간들은 직물로 인해 더 좋아진다. 그렇다. 개를 산책시키는 것조차 직물로 인해 더 편안해진다. 이런 평화로운 일상의 순간에서 위빙의 영감을 얻는다. 머릿속으로 어떤 직물을 완성할지 그려 보는 것이 중요하다.

지금 이 책을 읽고 있는 독자들처럼, 나 또한 커튼, 카펫, 러그, 식탁보, 행주나 타월을 보며, "내 취향대로 짠다면, 더 멋지게 만들 텐데."라고 생각한다. 일몰을 볼 때면 컬러웨이(동일한 디자인 패턴에 여러 종류의 다른 색상이 배색된 것-옮긴이)를 생각하고, 사막의 높은 곳에 오르면 패턴을 떠올린다.

몇 년 전 새해 첫날, 번개 같은 아이디어가 머리에 떠올랐다. 당시 새 집으로 이사한 지 얼마 되지 않은 상황이었고, 새 공간은 다양한 천들이 필요한 널찍한 캔버스였다. 그래서 그 공간에 필요한 직물들을 직접 짜기로 결심했다. 평생 꿈꿔 온 '손으로 짠 직물들로 꾸민 집'을 현실화하기로 마음먹었다.

나의 도전은 '필요'에서 시작되었다. 우리 집은 식기세척기가 없기 때문에, 싱크대 옆에 걸어 둔 행주가 유용하게 쓰인다. 새 집의 주방 조리대는 협소해, 손에 들고 쓰던 행주가 다른 물건들과 뒤섞이기 마련이었다. 그리고 기성품 행주는 하나같이 너무 길었다.

그래서 원하는 색, 재료, 사이즈로 작은 행주를 디자인했다. 위빙 작업은 한 날실(위빙 조직에서 세로 방향 실-옮긴이) 위에 여러 제품을 연이어 짤 수 있기 때문에, 작은 행주 두 개와 오븐 도어에 걸고 쓸 길고 두꺼운 것 하나를 함께 만들었다. 리넨과 코튼을 섞어 만든 행주들은 굉장히 튼튼하다. 가게에서 산 그 어떤 것보다 오래간다. 게다가 직접 만든 행주들을 사용하는 것은 굉장히 즐겁다.

이런 이유로, 저렴한 가격으로 쉽게 행주를 살 수 있음에도 불구하고 위빙을 한다. 직접 만든 물건이 더 좋다. 취향에 맞게, 필요에 따라 천을 짤 수 있고, 원하는 사이즈, 컬러, 질감의 천을 짜면 오래 쓸 수밖에 없다. 그동안 내가 짠 직물들이 어떻게 쓰였는지를 모

리지드 헤들룸이란?

'리지드 헤들룸'은 이 위빙룸의 특징적인 부분인 '고정 헤들(rigid heddle)'에서 이름을 따왔다. 리지드 헤들룸의 리드(reed)는 긴 플라스틱 조각으로, 중앙에 구멍이 나 있다. 그리고 두 개의 지지대 사이로 여러 개의 헤들이 일정한 간격을 두고 고정되어 있다. 이 구조를 통해 헤들과 헤들 사이의 '사이 칸(slot)'과 헤들의 '구멍(hole)'이 반복되어 리지드 헤들을 완성한다.

리지드 헤들룸의 리드는 날실 사이 간격을 고르게 유지시키고 구멍에 꿰인 실들을 들고 내리며, 씨실이 제자리를 잡도록 누르는 역할을 한다. 테이블룸과 플로어룸(발로 밟는 페달이 헤들(샤프트)을 들어 올리는 구조의 위빙룸—옮긴이)에서는 이러한 기능들이 기기의 각 장치로 분리되어 있다. 리지드 헤들룸은 다른 위빙룸들에 비해 간단한 구조라서 초심자가 쉽게 접근할 수 있다. 간단한 구조이지만 약간의 노하우만 있으면 원하는 직물이 무엇이든 짤 수 있다.

두 기억한다. 손으로 직접 짠 천은 그 사람의 일기장과 같다.

위빙은 홈 인테리어에 제격인 작업이다. 위빙룸(실로 천을 짜는 도구—옮긴이)에서 만들어진 긴 직사각 형태의 직물은 러그, 쿠션, 블랭킷, 커튼, 식탁 매트, 테이블 러너(식탁 중간에 장식용으로 올라가는 긴 매트—옮긴이), 타월 등의 인테리어 소품을 만들기에 효율적이고 효과적이다. '효율적'과 '효과적'이라는 표현이 꼭 알맞다. 한번 위빙룸을 셋업 하면, 비교적 간단하게 여러 제품을 연이어 완성할 수 있기 때문이다. 특히 이 책에서 사용하는 리지드 헤들룸은 셋업 방법이 굉장히 쉽다.

위빙된 직물들은 위빙룸에서 떼어내면서부터 거의 완제품에 가까운 형태라, 간단한 마무리만 필요하다. 어떤 방법으로 얼마나 정교하게 마무리할지는 개인의 선택이다. 간단한 헴 스티치(9장 참고)는 추가적인 마무리가 필요 없다. 혹은 기계로는 불가능한 정성스러운 매듭으로 더 멋지게 마무리할 수도 있다. 두 개의 리드(날실을 아래위로 벌려 씨실이 들어갈 수 있는 공간을 만들어 주는 리지드 헤들룸의 한 장치—옮긴이)를 사용해 한쪽에만 솔기가 있는 쿠션이라든지 위빙룸의 크기보다 2배 넓은 블랭킷이나 식탁보를 만들 수 있다.

아직 위빙에 익숙하지 않은 사람들을 위해서 책 뒤편에 정경(위빙에 필요한 날실을 필요한 길이와 순서대로 정리하고, 위빙룸에 실을 꿰는 일—옮긴이) 방법에 대해 간단히 설명해 두었다. 정경대(직물을 짜는 데 필요한 날실의 길이를 재고 순서대로 정리하는 도구—옮긴이)를 이용한 셋업 방법과 두 개의 리드를 사용한 정경 방법 등이 간략하게 수록되어 있다. 위빙 용어가 익숙하지 않다면 '용어 해설'을 참고하길 바란다.

자신이 원하는 특별한 천을 만들어 낼 수 있다는 것이 위빙 작업의 장점이다. 기술과 기법을 습득하면, 어떤 위빙 작업에도 자신 있게 도전할 수 있다. 이 책이 위빙 실용서로, 기법 매뉴얼로서 독자들이 평생 동안 간직할 천을 짜는 데 도움이 되기 바란다.

1장

인테리어용 실

홈 인테리어용 실은 의류용과는 다르다. 식탁보나 수건들은 정기적으로 세탁되고, 커튼은 매일같이 햇볕에 노출된다. 사람들은 러그를 밟고 서며, 방석 위에 앉는다. 이런 쓰임을 염두에 두고 실을 골라야 한다. 실은 위빙 작업의 기본 재료로, 작업자 개개인의 성향을 잘 나타낸다. 그래서 실에 대한 지식을 쌓는 것은 중요하다. 실이 어떻게 만들어졌는지, 무엇이 실들 사이의 차이점을 만드는지, 이런 관련 지식이 인테리어 제품 위빙에 어떤 영향을 끼치는지 등, 실에 대해 많이 알수록 위빙 작업이 재미있어질 것이다. 그리고 좀 더 만족스러운 결과를 얻을 수 있을 것이다.

실의 소재와 구조

실은 소재와 구조에 따라 무궁무진한 조합이 가능하기 때문에 실 디자인의 세계는 늘 새롭고 놀랍다. 다양한 종류의 실 가운데서 홈 인테리어 위빙을 위한 최선의 실을 선택하기 위해서는 실이 어떻게 만들어지는지를 알 필요가 있다.

실의 구조에 대해 장황하게 늘어놓을 수 있지만, 이번 장에서는 위빙 작업에 필요한 부분에만 집중해서 소개하겠다.

원료

실의 기본 구성 요소는 섬유이다. 단섬유로 구분되는 코튼, 리넨, 헴프, 실크, 울, 모헤어 등의 천연 섬유들은 각각 길이가 다르다. 실을 만들 때, 섬유의 길이에 따라 얼마만큼 꼬아야 하는지가 결정된다. 꼬임이 충분해야 사용 중에 온전한 상태를 유지할 수 있다. 코튼처럼 길이가 짧은 섬유는 많은 꼬임이 필요하다. 실크나 모헤어처럼 길이가 긴 섬유로 만든 실은 꼬임이 덜하다. 개별 섬유의 직경, 권축(실의 꼬임에 의해 직물 표면에 나타나는 주름-옮긴이)이나 섬유의 자연적 곱슬거림, 빛을 얼마나 반사하는지, 어떤 방식으로 섬유가 수확되었는지 등 다양한 요인들이 실을 만드는 데 영향을 끼친다. 어떤 방식으로 준비되었고 꼬였는지가 어떤 실이 완성되는지를 결정한다.

합

섬유 가닥이 서로 꼬여 있는 것을 1합 혹은 싱글 플라이라고 부른다. 이 1가닥의 실은 각각 쓰거나, 다른 1합들과 합쳐 쓰기도 한다. 더 높은 강도를 주기 위해, 두꺼운 실을 만들기 위해, 균형을 맞추기 위해 등 다양한 이유로 합쳐 쓴다. 섬유 종류에 따라 각각 다른 방

코튼, 울, 혹은 합성 섬유이든 단단하게 꼬여 있든 부드러운 실이든 관계 없이 모두 위빙에 적합하다.

1가닥의 실과 여러 가닥이 합쳐진 실은 굵기와 강도가 크게 다르다.

법이 쓰인다.

촘촘히 자은 매끄러운 실이 위빙하기에 좋은 실이다. 성글게 꼬여 있거나 부드럽게 자은 실은 위빙에 잘 쓰이지 않는다. 물론 필요에 따라 단단한 실을 쓸 수도 있고 부드러운 실을 쓸 수도 있다.

방모사(짧은 울 소재로 만든 실-옮긴이) 혹은 소모사(비교적 길이가 길고 품질이 좋은 양털 소재로 만든 실-옮긴이)라는 용어는 실을 만드는 데 사용된 준비 방법과 실을 꼬는 기술을 나타낸다. 소모사는 매끄럽고 촘촘하며 내구성이 좋고 선명한 패턴을 만든다. 방모사는 가볍고 공기 함유가 높고 솜털이 있으며 좀 더 탄성이 좋다. 여기에 뜨개질 실의 중량에 따른 분류법까지 접한다면 실 구분이 더욱 복잡해진다.

리지드 헤들룸을 위한 실

다행인 것은, 리지드 헤들룸은 다른 위빙룸들에 비하면 훨씬 다양한 종류의 실을 쓸 수 있다는 것이다. 리지드 헤들룸은 다른 위빙룸들에 비해 실 마찰과 당김이 적다. 비교적 백 롤러(위빙룸 뒤쪽에서 날실을 감는 장치-옮긴이)와 프런트 롤러(위빙룸 앞쪽에서 위빙한 천을 감는 장치-옮긴이) 사이가 좁아, 실을 많이 당기지 않고도 장력을 팽팽하게 유지할 수 있다.

아직은 어떤 종류의 실이 위빙에 알맞은지, 소재에 따라 어떤 특징을 띠는지 의문이 들 것이다. 실의 재료와 구조에 대해 좀 더 알게 되면 실 선택이 보다 수월해질 것이다.

셀룰로스 섬유

주방, 식탁, 욕실 제품에는 셀룰로스 섬유가 가장 좋다. 코튼, 리넨, 헴프 등의 셀룰로스 섬유는 세탁이 간편하고 오래가며 아름답게 짜인다. 울은 추천하지 않는다.

코튼 실(면사)

코튼은 튼튼하고 시원한 감촉에 흡수력이 좋으며 정전기가 없고 마찰에 강한 놀라운 소재이다. 코튼 실은 많은 꼬임이 필요하다. 그래야 위빙하는 동안의 마찰과 스트레스를 견딜 수 있다. 코튼 실이 필요한 패턴을 위빙할 때, 많은 사람들이 별다른 고민 없이 갖고 있던 실 중 아무 종류의 코튼 실이나 사용한다. 반대로, 너무도 다양한 종류 사이에서 깊게 고민하고 어떤 실이 잘 맞을지를 알고 싶어하는 사람들도 있다. 코튼 실은 종류

셀룰로스 섬유 실은 주방, 욕실, 식탁용 제품 위빙의 가장 좋은 재료로 꼽힌다.

가 다양해, 같은 코튼 소재라도 사용하는 실에 따라 전혀 다른 결과물이 나온다.

실켓 가공 코튼 실은 수산화나트륨 용액 처리를 한 코튼 실을 뜻한다. 수산화나트륨은 실의 표면적을 증가시키고 광택을 갖게 한다. 염착력과 강도를 높이고, 흡습성을 약간 감소시키기도 한다. 테이블 러너, 식탁 매트, 쿠션, 커튼과 같은 대부분의 인테리어 소품에 이용되며, 내구성이 굉장히 좋다. 타월이나 행주로도 사용 가능하나, 가공되지 않은 코튼 실이 흡수력이 더 좋고 비교적 건조도 빠르다.

비가공 코튼 실은 수산화나트륨 가공을 하지 않은 상태를 말한다. 오돌토돌한 표면을 가지고 있어 손으로 자은 듯한 느낌을 갖는다. 완성된 천도 핸드메이드의 느낌을 주며, 높은 흡수력을 보인다. 하지만 실켓 가공 코튼 실만큼 튼튼하지 않다.

코튼 카펫 날실은 4가닥의 비가공 코튼 실을 단단하게 꼰 실을 말한다. 굉장히 튼튼하고 다양한 컬러로 생산된다. 이 실은 단단한 꼬임으로 인해 매우 안정적이며 세탁 후 부풀어 오르는 성질이 덜하다. 러그나 매트에 적합하고 타월이나 행주로 쓰기엔 너무 뻣뻣할 수 있다.

오가닉 코튼 실은 식물의 천연 왁스 함유량이 높게 재배될 뿐 아니라, 생산 과정에서 석유 화학 제품도 사용되지 않는다. 오가닉 코튼으로 만들어진 실은 사랑스럽고 부드러운 느낌을 갖는다. 비가공 코튼 실이지만 실에 윤기가 있으며, 부드럽고 흡수력 좋아 타월을 만드는 데 좋은 재료이다.

천연 착색 코튼 실은 다양한 천연 색상으로 재배되며 타월에 매우 적합하다. 산업혁명에 따른 제품의 균일화는 이 식물들을 멸종에 이르게 했지만 샐리 폭스가 복원해 냈고, 공장에서 실을 잣기에 알맞은 새로운 종류를 만들어 냈다. 세탁 후에 컬러가 더 깊어지며 풍부하고 강렬한 컬러를 보인다.

크로셰 코튼 실은 코바늘 뜨개를 위해 디자인된 실로, 독특한 구조 때문에 종종 테팅 레이스에 쓰인다. 실켓 가공 처리가 되어 있으며, 아주 단단하게 꼬여 있다.

대부분의 실과는 반대로, 왼쪽 방향으로 꼬여 있는 실들이 다시 오른쪽 방향으로 서로 꼬여 있다. 꼬임과 실가닥의 방향이 위빙 작업에 큰 영향을 끼치진 않는다. 세탁 후 많이 부풀지 않는다.

크래프트 코튼 실은 적당한 꼬임을 가진, 가공되지 않은 4합 코튼 실의 일반적 명칭이다. 코튼의 질에 따라 흡수성 좋은 부드러운 행주를 만들 수도 있다. 그러나 얼마나 단단하게 실이 꼬여 있는지에 따라 보풀이 일 수도 있다. 느슨하게 꼬인 코튼 실은 부드럽지만, 시간이 지나면 길이가 짧은 섬유들이 밖으로 빠져나오는 경향이 있어 보풀이 생길 수 있다. 대대로 물려 줄 만한 고급 천을 짤 수는 없으나 매일 사용하는 제품에는 적합하다.

재생 코튼 실은 다양한 변화가 가능하고 작업하기 재미있는 재료이다. 의류 제조 과정에서 남은 자투리 천으로 만들어진다. 버려진 천들을 컬러로 구분해 잘게 조각내어, 사랑스러운 트위드 실로 재탄생시킨다. 이 실은 다양한 제품에 쓸 수 있으나 특정 컬러를 계속해서 쓰는 것은 추천하지 않는다. 제조 과정의 특성상 똑같은 컬러의 실이 계속해서 생산되기는 힘들기 때문이다.

노벨티 코튼 실은 꽤나 광범위한 범주이다. 이 종류의 실들은 부드럽게 꼬여 있고 질감이 있으며 코튼 실치고는 굵다. 질감이 살아있는 천을 만들 수 있으며, 가벼운 인테리어 제품에 적합하다. 하지만 지속적인 마찰이 있고 물기를 흡수해야 하는 타월이나 행주 등의 재료로는 부적절하다. 잦은 마찰에 보풀이 생기고 찢어질 수 있기 때문이다(샤프트룸 사용시, 이 실을 날실로 쓰지 않는것이 좋다. 금속이나 나일론으로 된 헤들과 리드는 실을 해지고 갈라지게 만들 것이다. 하지만 리지드 헤들룸에서는 문제없다.). 몇몇 노벨티 코튼 실은 좀 더 얇고 단단한 꼬임을 보인다. 마모 테스트를 통해 실이 적합한지를 판단할 수 있다.

*국내에서는 비가공 코튼, 코튼 카펫 날실, 크로셰 코튼, 크래프트 코튼, 노벨티 코튼 등의 세분화된 명칭은 잘 쓰이지 않는다. (옮긴이)

나의 실 저장소

어마어마하게 다양한 종류의 실 중, 개인적으로 홈 인테리어 위빙에 자주 쓰는 실들이 있다. 나는 매번 위빙을 시작할 때마다 쓰임이 좋은 다섯 종류의 실을 준비해 둔다. 어떤 홈 인테리어 제품을 만들어도 잘 어울리기 때문에 부담없이 쓸 수 있다.

- 22/2 코튼 리넨 혼방사*
- 8/2 비가공 코튼 실
- 3/2 실켓 가공 코튼 실
- 워스티드(대바늘 4.5-5.5mm에 알맞는 굵기의 실-옮긴이) 혹은 DK(대바늘 3.75-4.5mm에 알맞는 굵기의 실-옮긴이) 울
- 워스티드 코튼 혹은 코튼 리넨 혼방사

* 8/2 코튼 실과 같은 사이즈다. 코튼 리넨 혼방사는 리넨 실의 사이즈로 표기된다. 이번 장의 '실 번수' 부분에서 더 자세한 정보를 확인할 수 있다.

리넨, 헴프와 같은 인피 섬유는 사랑스럽고 대대로 물려줄 만한 질 좋은 천을 만들수 있으며, 내구성이 좋다.

인피 섬유 소재

리넨, 헴프, 주트 같은 인피 섬유는 오랫동안 가정에서 중요하게 쓰였다. 오래 쓸 수 있고, 독특한 드레이프성(옷감이 모양 있게 늘어지는 특성—옮긴이)과 빳빳한 느낌을 갖고 있다. 흡수력이 좋고, 시원한 감촉에 내구성이 매우 뛰어나며, 특유의 광택은 대대로 물려줄 만한 고급스러운 식탁보나 정교한 커튼에 잘 어울린다.

인피 섬유 소재는 탄력이 거의 없기 때문에 팽팽한 장력으로 위빙하는 것이 좋다. 물세탁으로 마무리를 해야 섬유들이 이완되며 제자리를 찾는다. 알맞은 온도로 다림질을 하면 광택이 올라온다.

리넨은 가장 일반적인 인피 섬유로, 아마를 재료로 한다. 고급 소재로 간주되며, 질 좋은 가정용 소재로 유명하다.

헴프는 대마로 만드는 소재로, 강한 복원력을 가지고 있다. 리넨보다 염색이 더 잘 되고 항균성이 좋아 욕실처럼 물기가 많은 환경에서도 유용하게 쓰인다.

주트는 황마로 만드는 소재로, 정제된 상태로는 잘 쓰이지 않는다. 로프를 만드는 재료로 탁월하며, 러그를 만드는 데도 적합하다. 문질렀을 때 갈라지지 않고 부드러운 것이 좋다.

코튼 리넨 혼방사는 코튼과 리넨이 혼방된 실이다. 리넨에 약간의 탄성이 생겨 다루기 쉬워지고 코튼에 리넨의 강도가 더해진다. 반복적인 세탁은 코튼 리넨 혼방사에 보풀을 일으키기도 한다. 짧은 코튼 실이 긴 리넨 실에서 빠져나오면서 보풀이 생긴다.

울

울을 포함한 모든 단백질 소재는 코튼만큼 홈 인테리어 위빙에 많이 쓰인다. 편안한 느낌을 주기 때문이다. 특정 품종 울의 길고 강한 특성을 좋아한다면, 인테리어 소품에 적용하기 좋다(6장 '트위드&트윌 쿠션' 참고). 메리노와 같이 길이가 짧고 부드러운 소재는 피부에 닿는 의류 제품에 알맞지만, 잦은 마찰과 압력이 있는 인테리어 제품에는 맞지 않기 때문이다. 울 실로 쿠션이나 방석을 만들면 쉽게 보풀이 일어날 것이다.

보더레스터, 쿠푸워드, 코츠월드, 레스터 롱울, 링컨, 롬니 등의 품종은 '롱울(longwool)'에 포함된다. 길고 광택이 있으며 강하고 곱슬거리는 권축을 가지고 있다. 강한 성질과 윤기가 있는 것으로 유명하다. 세탁 후에 축융(마찰로 인해 털이 서로 엉킴-옮긴이)되지 않으며 형태가 잘 유지된다. 롱울은 부드럽고 매끄러우며 느슨한 꼬임을 가진 소모사로, 튼튼하다. 이 실들은 러그, 쿠션, 담요를 만들기에 적합하다. 울 섬유는 세탁하는 동안 실이 팽창하고 자리를 잡는 과정인 '블루밍'을 통해 물 세탁 후에 질감이 제대로 살아난다.

깔끄러운 울의 감촉

실로 작업을 하는 사람들은 까칠한 감촉 때문에 강한 울을 쓰는 것을 기피한다. 실에서 삐져나온 미세한 울 섬유가 피부에 자극을 준다. 섬유의 직경이 클수록 더 큰 자극을 준다. 울이 피부에 처음 닿을 때 자극이 느껴질 수도 있으나, 시간이 지날수록 울 섬유의 포근함에 편안함을 느끼며 그 감촉은 금세 사라진다. 길거나 중간 정도 길이의 울은 내구성이 좋아, 약간의 깔그러움은 감수하게 해 준다.

수퍼워시 실

수퍼워시 실들은 안정적인 구조를 갖고 있어, 세탁 후에도 많이 부풀지 않는다. 고리 구조인 니팅과 크로셰에는 사용하기 좋지만 위빙을 할 때는 문제가 될 수 있다. '오버사이즈 머그 러그'처럼 단단한 조직의 천을 짤 때만 쓰는 것이 좋다.

합성 섬유

합성 섬유는 수퍼워시나 실켓 가공처럼 화학적으로 만들어진 다양한 종류의 실들을 뜻한다. 다른 종류의 실들과 같이 합성 섬유도 용도에 알맞게 사용되어야 한다. 합성 섬유는 대부분 흡수력이 없어, 타월이나 행주에는 적합하지 않고 테이블 러너로 쓰기에 좋다. 합성 섬유는 실로 잣기 전에 염색하기 때문에, 컬러가 실 표면뿐 아니라 깊숙이 염색되어 색이 잘 바라지 않는다. 이런 이유로 커튼 재료로도 적합하다.

놀랍게도 합성 섬유는 자연 재료로 만들어진다. 나무, 대나무, 콩 등 재생 가능한 재료를 쓰기도 하고, 석탄이나 석유에서 만들어 내기도 한다. 화학적으로 만들어지긴 했지만, 공장에서 다른 실들과 같은 기준의 섬유 길이, 꼬임, 가닥수로 실을 잣는다.

레이온은 반 합성 실로, 텐실이나 콩실크 등도 여기에 속한다. 레이온은 나무와 대나무 같은 셀룰로스나, 콩이나 우유 같은 단백질을 주원료로 한다. 기본 재료들을 펄프 형태로 만들어 다양한 종류의 실을 성형한다. 길고 매끄럽고 실크 같은 광택이 있거나 울처럼 고상하고 가볍다. 다른 실들과 잘 혼합되며, 커튼이나 쿠션 커버로 잘 쓰인다. 울 알레르기가 있는 사람에게 좋은 대안이 될 수 있다.

나일론은 석탄에서 뽑아낸다. 나일론은 광택이 있고 튼튼하고 신축성이 있으나, 뜨거운 열에 녹는다. 물을 흡수하지 않고 빨리 건조되며 구김이 잘 생기지 않는다. 실의 감촉을 높이기 위해 종종 다른 소재들과 혼합한다.

아크릴은 석유가 원재료이다. 아크릴은 가볍고 따뜻하고 빨리 건조된다. 나일론보다 신축성은 덜하지만 수퍼워시 실과 같은 특징을 가지고 있다. 나일론과 마찬가지로 세탁 후에 실이 부풀지 않으며 다른 소재들과 섞어 더 질 좋은 실을 만들어 낸다. 나일론과 아크릴 모두 가격이 저렴하고 수차례의 세탁과 착용에 적합하지만, 흡수력이 없어 주방과 욕실 아이템에는 부적합하다.

참고: 모든 실은 생산 과정에서 물, 땅, 연료, 노동력 등의 자원을 소비한다. 대부분 어느 정도의 화학 물질도 포함한다. 합성 섬유라고 해서 나쁜 것이 아니고, 천연 섬유라고 좋은 것만도 아니다. 현대 농업에서는 천연 섬유를 만들기 위해 많은 양의 물과 엄청난 양의 살충제가 쓰인다. 합성 섬유 중에는 자연적으로 자란 재생 가능한 자원을 사용하고, 천연 섬유보다 적은 양의 물을 사용해 생산되는 것도 있고 그렇지 않은 것도 있다. 실 소재에 대해 알고 각자의 생활 환경과 방식에 맞는 선택을 하는 것이 중요하다.

위빙 vs 뜨개질

위빙을 위한 실과 뜨개질을 위한 실은 엄연히 다르다. 위빙용 실은 대체로 꼬임이 더 있다. 어떤 실들은 위빙 룸의 거친 부분으로부터 실을 보호하기 위해 오일 처리된다. 실이 천으로 만들어진 후 세탁을 거치면, 실을 감싸고 있던 오일이 제거되며 실의 형태가 변한다.

최근 몇 년간 뜨개질이 인기를 끌고 있다. 많은 실 생산자들이 소비자들의 수요에 맞춰 고유의 실 생산 방식을 바꾸고 있다. 실 가닥수와 꼬임을 줄이고 수퍼파인이나 수퍼워시 울을 써서 좀 더 부드러운 실을 만들고 있다.

위빙이나 뜨개질을 위해 만들어진 모든 종류의 실들을 씨실로 쓸 수 있다. 하지만 사용이 잦은 일상적인 집안일을 위한 제품을 짤 때는 내구성이 좋은 재료를 선택해야 한다.

실 번 수

실 콘에 적혀 있는 8/2 이나 5/2 같은 숫자는 실 이름의 한 부분을 차지한다. 이 규칙은 실 번 수로 불리는데, 굉장히 오래된 시스템이다. 울, 코튼, 리넨, 실크 등 각각의 섬유가 산업적으로 나뉘고 거래를 위해 기준 사이즈를 정하면서 생긴 것이다.

사실 요즘에는 이 체계가 불필요해 보인다. 좋은 실 생산자는 무게당 실의 길이, 균형잡힌 플레인 위브(날실과 씨실이 1엔드 씩 교차된 위빙 패턴-옮긴이)로 짰을 때 날실 밀도(날실 사이 간격-옮긴이)에 대한 정보를 제공할 것이다. 그래서 이 번호들의 의미를 기억할 필요가 없지만, 번호 체계를 이해하고 있으면 도움이 된다.

실의 형태

실은 보통 타래, 볼, 콘의 형태로 판매된다. 전통적으로 위빙용 실은 날실 정경에 편하도록 콘의 형태로 감겨 있다. 인기 있는 위빙 재료인 가는 셀룰로스, 리넨 실을 타래나 볼 형태로 감으면 엉킬 수 있기 때문이다. 요즘은 이런 용어들이 다소 뒤섞여서 타래를 볼의 의미로 부르기도 한다.

가장 일반적인 실의 형태는 콘, 볼, 타래이다.

첫 번째 숫자는 실의 상대적 무게를 뜻한다. 숫자가 높아질수록 더 가는 실이다. 예를 들어 5/2는 3/2보다 얇다. 그리고 두 번째 숫자는 실 가닥수를 의미한다. 5/2는 2가닥의 실이라는 뜻이다.

코튼 협회는 오래전에 840야드(768미터)의 볼을 기준으로 시스템을 구축했다. 가장 기본적인 1/1 사이즈는 840야드(yds)/ 1파운드(lb)를 의미한다. 2번 수는 기본 1번 수의 2배가 된다. 같은 1파운드의 코튼이 더 얇은 실 2볼이 된다. 5/2실은 무게 1파운드 당 2가닥의 실이 2,100야드(1,829미터)의 길이라는 의미이다. 840에 5를 곱한 다음, 2로 나눈다.

실 번 수

기준 길이

코튼: 840yds

방모사: 256yds

소모사: 560yds

실크: 840yds

리넨: 300yds

* 방모사는 소모사에 비해 덜 조밀하기 때문에, 기준 길이가 짧다.

날실 씨실 고르기

어떤 실을 고르든, 일상 생활의 마모와 자극은 물론 위빙룸의 구조에서 견딜 수 있어야 한다. 다행히도, 리지드 헤들룸은 실에 자극을 덜 주는 구조이다.

위빙은 각각의 실이 아닌 실 전체에 압력을 가한다. 실들에 대한 개별적인 평가도 필요하지만, 위빙룸 위에서 어떻게 힘이 가해지는지를 이해해야 한다.

리지드 헤들룸의 플라스틱 헤들은 다른 종류에 비해 실에 마찰을 덜 가한다. 날실은 위빙룸의 빔 사이에서 팽팽하게 당겨져야 하는데, 리지드 헤들룸은 비교적 길이가 짧아 힘이 덜 가해진다. 다른 큰 위빙룸들은 날실을 좀 더 팽팽하게 당겨야 중간 부분이 처지지 않는다. 그래서 실을 고를 때 간단한 장력 실험을 하는 것이 좋다.

장력 실험

날실은 위빙룸에서 지속적으로 힘을 받는다. 간단한 테스트를 통해, 선택한 실이 날실로 쓰기에 적당한 강도를 가지고 있는지를 확인할 수 있다. 10-15cm 길이 실 양끝을 양손 검지와 엄지로 집는다. 실을 잡아당겨 끊는 것처럼, 일정한 힘으로 강하게 당긴다. 실이 쉽게 늘어지거나 끊어지면 날실로 적당하지 않다. 장력 실험을 통과한 실은 팽팽하게 당겼을 때와 당기지 않았을 때를 비교 관찰해야 한다. 다시 실을 검지와 엄지로 잡고, 당기고 풀며, 실을 당겼을 때와 힘이 가해지지 않은 상태를 관찰한다. 실이 얼마만큼의 탄성을 가졌는지를 체크한다. 실이 당겨졌다 원래대로 돌아오는지, 탄성이 유지되는지를 살펴본다. 이 테스트를 통해 실을 어떤 용도로 사용할지 결정할 수 있다. 실 형태가 잘 유지된다면 위빙룸에서도 견고하게 유지될 것이다.

마모 실험

실이 어떻게 마모될지 또한 테스트할 수 있다. 실을 조금 잘라 테이블 모서리에 앞뒤로 여러 번 세게 문지른다. 손쉽게 실의 강도를 살펴볼 수 있다. 실이 갈라지거나 보풀이 일어난다면 완성된 천에서도 같은 현상이 일어날 확률이 높다.

날실 사이로 위빙되는 씨실은 장력 실험이 필요 없다. 하지만 마모 실험으로 실이 쉽게 갈라지고 보풀이 생긴다면, 홈 인테리어 제품에는 어울리지 않는다.

술은 길이가 짧거나 길게 만들 수도 있고, 매듭 짓거나 풀어서 완성할 수도 있다. 짜인 직물 가까이 자르고, 단을 접어 감쌀 수도 있다.

술 장식 마무리

위빙 실을 고를 때, 마지막으로 중요하게 고려해야 할 사항은 실들이 술 장식으로 어떻게 보여지는지이다. 실은 물에 닿으면 부풀어지면서 살짝 뭉칠 수 있다. 여러 가닥이 합쳐진 실이나 몇몇의 특수한 실들은 바로 해질 수도 있다. 어떤 느낌을 원하느냐에 따라 풀어진 실의 모양이 잘 맞을 수도, 아닐 수도 있다.

실이 어떤 느낌의 술이 될지 알기 위해서는, 몇가닥의 실을 30cm 정도로 잘라 뜨거운 물에 약간의 세제를 더해 강하게 손세탁한다. 세탁 후 실 끝의 변화를 관찰하면 선택한 실이 완성품의 술로는 어떻게 보여질지를 예측할 수 있다.

테스트와 상관 없이, 모든 실은 언젠가 해진다. 원래의 술 모양을 오래 유지하고 싶다면 늘 손세탁하기를 추천한다. 시간이 지나 삐져나온 실 끝은 살짝 잘라 다듬어 주면 술 모양을 다시 아름답게 정리할 수 있다.

실 끝이 해질 염려가 있다면, 술을 꼬거나 땋고 매듭 끝 가까이 잘라서 마무리할 수 있다. 시간이 지나 삐져나온 실 끝은 살짝 잘라 다듬어 주면 술 모양을 다시 아름답게 정리할 수 있다.

원하는 위빙 작업에 어떤 실이 맞는지는 경험을 통해 배울 수 있다. 이 책의 다양한 작업들을 통해, 홈 인테리어를 위한 아름다운 직물을 짜며 실에 대한 경험도 쌓을 수 있을 것이다.

인테리어용 실

2장

리지드 헤들룸 위빙

멋진 직물을 짜는 것은 맛있는 케이크를 굽는 것과 비슷하다. 재료, 방법, 마무리 이 세 가지가 중요하다. 알맞은 재료, 즉 알맞은 실을 고르고 올바른 방법으로 작업해 개인 취향을 더해 마무리하면 좋은 천을 더 멋지게 만들어 준다. 이번 장에서는 두 번째 부분인 올바른 방법에 대해 다룬다.

유용한 팁과 테크닉

몇 가지 유용한 테크닉과 도구를 반복적으로 사용하여 홈 인테리어 위빙을 하면 같은 크기, 같은 디자인 요소를 가진 다양한 제품들을 짤 수 있다. 이렇게 시리즈로 완성된 직물들은 매끄럽게 컬러가 연결되고, 같은 장소에서 자연스럽게 어울려 오랫동안 사랑받는다. 무엇보다 이 방법으로 위빙하면 작업 중 생길 수 있는 문제들을 미연에 방지할 수 있다.

다음의 다양한 위빙 테크닉들을 통해 좀 더 쉽고 재미있게 위빙을 즐길 수 있을 것이다.

헤더 위빙하기

제품을 위빙하기 전에, 쓰고 남아서 버리는 실 중에서 부드러운 실로 '헤더'를 짜는 것을 추천한다. 헤더는 위빙 작업의 시작과 끝에 여유 실로 짜인 부분으로, 나중에 제거한다. 헤더의 목적은 날실을 고르게 펴, 날실 간격이 너무 벌어지지 않게 하는 것이다. 옷감의 튼튼한 기초를 만드는 일이다. 제품의 실과 대조를 이루는 부드러운 코튼 실로 헤더를 짜면 구분이 쉬워 헤더를 제거할 때 용이하다.

리지드 헤들룸을 이용해 위빙할 때는 헤더 위빙이 유용하다. 플로어룸이나 테이블룸과는 달리 리지드 헤들룸은 리드가 위빙룸에 고정되어 있지 않고 헤들 블록(헤들을 고정하는 장치-옮긴이)에서 풀었을 때 자유롭게 매달려 있다. 그래서 손으로 리드를 천쪽으로 당겨 씨실이 제자리를 찾게 눌러 줘야 한다. 양손을 같이 써서 씨실을 눌러 일정한 힘으로 씨실 전체를 누르는 것을 추천한다. 하지만 이때 양손을 함께 쓴다 해도 리드 한쪽은 언제나 다른 쪽보다 먼저 천에 닿는다. 평소 잘 쓰지 않는 손은 컨트롤이 힘들기 때문에 자주 사용하는 손쪽보다 먼저 천에 닿는 것이다. 헤더를 위빙하지 않으면 천의 좌우가 수평을 이루지 않고 한쪽이 살짝 기울어져 짜일 수 있다. 이런 일이 일어나는 이유가 헤더의 유무 때문만은 아니지만, 가장 흔한 원인 중 하나이다.

헤더를 짜지 않는 게 결과물에 영향을 미칠 수도, 그렇지 않을 수도 있다. 울로 짜는 경우 이런 문제들은 완성 후 물세탁을 통해 대부분 해결된다. 실이 부풀면서 불규칙한 부분이 채워지기 때문이다. 하지만 리넨과 같이 부풀어 오르지 않거나 코튼처럼 단단하게 꼬여 있는 실은 세탁 후에 고르지 않은 씨실의 라인이 더욱 눈에 띄게 된다. 또, 가는 실은 굵은 실보다 불규칙함이 더 잘 보인다.

마무리 문제도 있다. 헴 스티치로 마무리할 때 날실이 고르게 펴져 있어야 바느질도 고르게 완성된다. 술을 매듭지어 마무리한다면, 매듭짓기 전까지 씨실이 제자리에 있도록 헤더가 도와준다. 부드럽거나 얇거나 매끄러운 실을 매듭지을 때는 더욱 도움이 된다. 술을 만들어 마무리할 때는 여유 실로 작업 끝부분에 풋터 위빙이 필요할 수도 있다. 천을 위빙룸에서 떼어 내며 씨실이 움직이는 것을 방지해 준다.

식서 처리

위빙 작업에서 천의 가장자리인 식서를 직선으로 유지하는 것은 정경에 이어 두 번째로 힘든 부분이다. 천의 가장자리가 줄어들지 않고 깔끔하게 유지되기 위해서는 다음의 세 가지를 꼭 유념해야 한다.

씨실 각도

씨실은 천의 가장자리에서 다른 쪽 가장자리까지 직선으로 진행하지 않는다. 날실들 사이로 자리 잡으며, 날실 위아래로 구불거린다. 씨실이 날실 사이로 밀려 들어가기 전에 씨실에 각도를 주어야('씨실 각도'는 24쪽 8번 사진 참고) 적당한 씨실 길이를 만들 수 있다. 얼마만큼의 각도가 필요한지는 작업하는 천의 폭과 직물 구조에 따라 다르다.

각도가 너무 작으면 식서가 당겨져 직물의 폭이 줄어든다. 반대로 각도가 크면 천 가장자리에 씨실이 고리처럼 늘어진다.

본격적으로 위빙을 하기 전에 알맞은 씨실 각도를 실험해 보고, 그 각도를 유지해야 한다.(사진 1,2 참고)

날실 감기

5-7.5cm 정도 위빙 후엔 위빙룸 뒤쪽 백 롤러를 풀고, 위빙룸의 앞쪽 프런트 롤러를 돌려 위빙한 천을 감아야 한다. 천이 리드 쪽으로 가깝게 채워지면 식서 쪽 실에 장력이 더욱 작용한다. 위빙한 천이 차오를수록 위빙할 수 있는 공간도 좁아져, 씨실에 각도를 주기가 어려워지기도 한다.

식서에 무게 더하기

식서 실에 무게를 더하면 장력이 더해져 깔끔한 가장자리를 유지하기 쉬워진다. 개인적으로, 위빙룸 뒤쪽에서 양쪽 식서 실에 7.5cm 크기의 S자 후크를 거는 방법을 선호한다.

사이 칸? 구멍?

날실은 리지드 헤들의 사이 사이 '사이 칸'과 헤들의 '구멍'에 꿴다. 식서 실은 사이 칸보다 구멍에 꿰어야 더 팽팽하게 당겨진다. 식서 실을 구멍에 꿰는 것이 최선이라고 생각할 수 있지만, 사이 칸에 식서 실을 꿰는 것을 선호하는 위버도 있다.

사이 칸에 꿴 실은 헤들에 고정되지 않아, 플로어룸의 떠 있는 식서처럼 작용한다. 식서 실에 무게를 더해서 실을 좀 더 팽팽하게 당

1 날실을 고르게 펴기 위해 시작 부분을 여유 실로 짠다.

2 식서 부분이 당겨지거나 늘어지지 않게, 씨실이 위빙되는 각도를 조절한다.

3 식서 부분에 무게를 더해 장력을 더 주면 가장자리가 깔끔하게 유지된다.

리지드 헤들룸 위빙 21

겨도 필요한 경우 손으로 들기 편하다. 픽업 패턴(날실 일부를 따로 들어 완성하는 패턴-옮긴이)을 만들 때와 같이 조작할 수 있다. 하지만 모든 위빙 패턴에 같은 수의 날실이 쓰이는 것이 아니기 때문에 한쪽은 사이 칸에 꿰고 한쪽은 구멍에 꿰야 하거나, 양쪽 다 구멍에 꿸 수도 있다.

위빙 템플

아무리 식서 유지 방법을 따른다 해도, 트윌(날실이나 씨실이 2엔드 이상 교차되어 대각선으로 무늬가 나타나는 패턴-옮긴이)이나 위부 직물(씨실이 주로 보이는 패턴-옮긴이) 등의 몇몇 패턴은 식서 실을 잡아당겨, 다른 패턴에 비해 쉽게 폭이 줄어들 수 있다. 위빙 천의 폭을 일정하게 유지하도록 돕는 도구로는 템플이 유용하다. 템플은 갈퀴나 클립으로 천을 당기거나 밀어, 일정한 폭을 유지하게 도와준다(사진 4 참고). 보통, 나무나 금속으로 만들어져 다양한 길이로 조절 가능한 형태이다. 양쪽 끝에 작고 날카로운 이빨들이 달려 있는데 천 끝에 맞춰 자리를 잡은 다음 잠가 일정한 폭을 유지시킨다.

템플을 사용할 때는 자주 옮겨 주어야 하는데, 위빙하는 만큼 템플을 위로 옮겨 위빙 폭을 일정하게 유지하도록 한다.

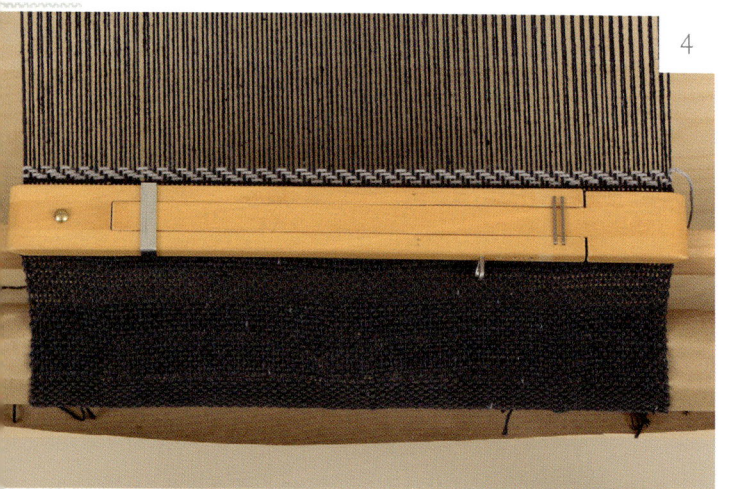

템플을 사용하면 위빙 폭을 일정하게 유지하는 데 도움이 된다.

여러 개 짜기

위빙의 좋은 점 중에 하나는, 날실을 길게 셋업해 두면 그 위에 행주, 식탁 매트, 냅킨 등 여러 장을 한꺼번에 짤 수 있다는 것이다. 제품의 컬러와 패턴을 바꿔, 각각 특징있는 제품들을 만들면서도 전체적으로 어울리는 세트 느낌으로 완성할 수 있다. 이 방법은 모든 제품을 같은 폭으로 위빙해야 한다는 점이 까다로울 수 있다. 핸드 타월 가장자리에 다른 컬러의 스트라이프 패턴을 배치한 '보더 패턴 핸드 타월'과 같이, 각 제품의 같은 위치에 포인트 패턴을 배치할 수 있다.

페이퍼 가이드

'페이퍼 가이드'는 위버들이 자주 사용하는, 간단하지만 유용한 팁이다. 예를 들어 타월을 짤 때, 같은 위치에 같은 사이즈의 스트라이프 패턴이 필요할 때가 있다. 이때, 얇은 페이퍼 가이드를 날실 위에 핀으로 고정하면 편리하다.

7.5cm 폭의 크래프트지를 길게 잘라 둥글게 말아 준다(사진 5 참고). 위빙하는 제품 사이즈보다 조금 더 길어야 편리하다. 제품 위빙 시작과 마무리, 패턴이 들어가는 부분을 페이퍼 가이드로 표시한다

위빙 마무리 부분이 표시되어 있는 끝 쪽부터 위빙 시작 부분 방향으로 종이를 바짝 만다. 말린 종이가 풀리지 않게 페이퍼 클립으로 고정한다 7.5cm 종이띠가 작업 시작 부분에서부터 눈에 잘 띄도록 날실 위에 둔다. 처음 몇 cm를 짜고 난 뒤, T핀을 사용해 위빙 천에 고정한다.

위빙을 하면서 말려 있는 종이를 조금씩 풀고, 다시 핀으로 고정한다. 이 페이퍼 가이드는 패턴의 시작과 끝 지점 그리고 제품의 시작과 끝 지점을 알려 줄 것이다. 하나의 제품을 다 짜고 나면 적당한 길이의 날실을 비워 둔다. 그리고 다음 위빙을 시작할 때 다시 페이퍼 가이드를 핀으로 고정해 사용한다.

페이퍼 가이드는 위빙하는 동안 제품 사이즈를 손쉽게 측정할 수 있는 좋은 방법이다. 여러 개를 한꺼번에 위빙하지 않는다면 페이퍼 가이드와 동일 방식으로 줄

자에 표시하고 위빙 천에 핀으로 고정해 쓸 수 있다.

위빙 천 측정

날실이 위빙룸 위에서 장력이 가해진 상태로 사이즈를 측정해도 되는지에 대해 자주 질문 받는다. 코튼이나 리넨 같은 셀룰로스 소재들은 힘을 가했을 때와 편안한 상태에서의 사이즈 차이가 거의 없다. 하지만 신축성 있는 실들은 큰 차이를 보이기도 한다. 울과 같은 실들은 측정 전에 실의 장력을 줄여야 한다. 실을 충분히 이완시킨 후 사이즈를 측정하는 것을 추천한다. 하지만 직물이 처지지 않고 평평한 상태로 사이즈를 측정할 수 있도록 어느 정도의 장력은 필요하다.

5

같은 디자인의 제품을 여러 개 위빙할 때 페이퍼 가이드를 사용하면 사이즈와 패턴을 일정하게 유지할 수 있다.

태피스트리 빗 사용하기

칸 띄우기 식탁 매트, 오버사이즈 머그 러그, 재활용 천 래그 러그 등 이 책에 실린 여러 위부 직물 작업에는 '태피스트리 빗'이 필요하다.

리지드 헤들은 플로어룸의 비터(씨실이 제자리를 찾게끔 눌러 주는 장치-옮긴이)와 비교했을 때 무겁지도 않고 그만큼의 관성도 없어서 플로어룸만큼 단단하게 천을 짤 수가 없다. 그러나 태피스트리 빗을 사용하면 좀 더 단단하게 씨실을 쌓을 수 있어, 튼튼하고 기능적인 천을 짤 수 있다.

다양한 스타일의 태피스트리 빗이 있는데, 이 책의 작업들에는 빗살이 6mm 간격으로 박혀 있는 5cm 크기의 빗을 추천한다. 5cm 이상의 몸체와 편한 손잡이가 달린 것이 좋다.

2.5cm 정도마다 작업을 멈추고 리드를 다음 순서로 바꾼 다음, 태피스트리 빗으로 씨실을 누른다. 방금 리드를 위로 올린 채 위빙했다면 다음엔 아래로 내리고 씨실을 누른다. 이렇게 날실로 씨실을 잠근 상태에서 눌러야 씨실이 다시 위쪽 방향으로 밀려 올라가지 않는다.

6

위부 직물을 짤 때 태피스트리 빗을 사용하면 쉽고 단단하게 위빙할 수 있다.

꼬리 실 집어 넣기 방법은 컬러를 바꿀 때 가장 일반적으로 사용하는 방법이다.

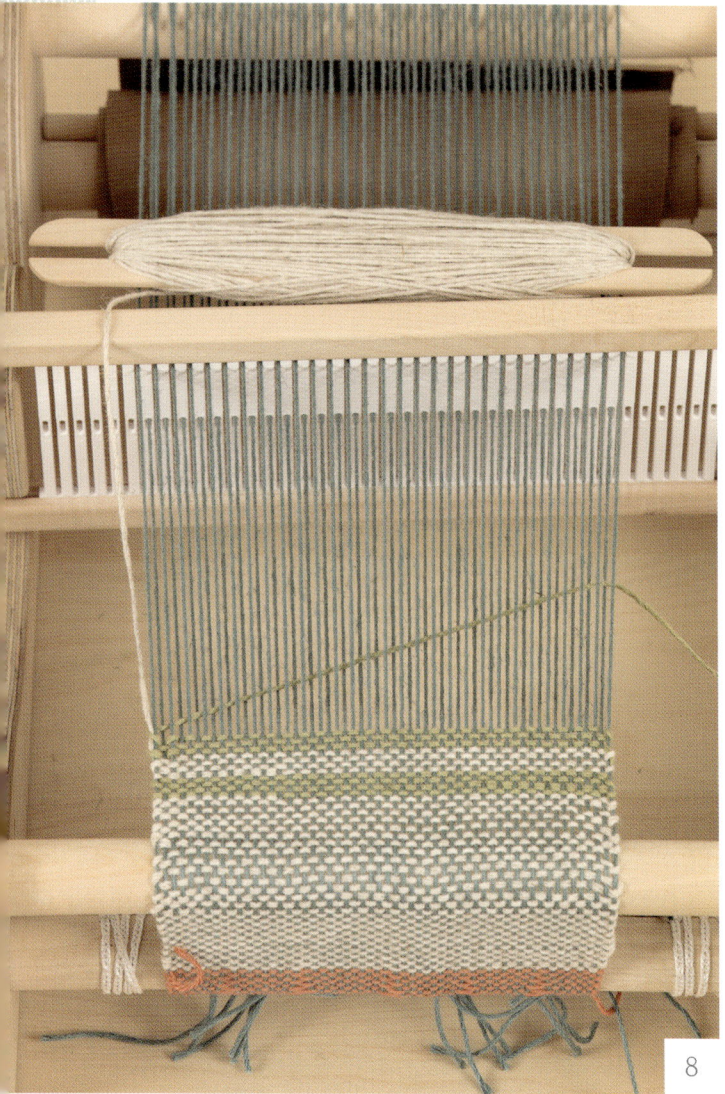

사용하지 않는 씨실을 가장자리 날실과 함께 짜면 좀 더 간단하게 컬러를 바꿀 수 있다.

태피스트리 빗으로 위빙 천의 중앙부터 시작해 가장자리까지 차례대로 눌러야 단단하게 씨실이 쌓인다. 중앙에서 한쪽 가장자리까지 먼저 누르고 다시 중앙으로 돌아와 반대쪽 방향도 단단하게 누른다.

이 방법을 쓰면 대부분의 패턴에 드라마틱한 변화를 줄 수 있다. 패턴이 어떤 형태로 바뀔지는 씨실을 촘촘하게 누르기 전까지는 알 수 없다.

씨실 바꾸기

제품을 만들면서 도중에 컬러나 실을 바꾸는 방법에는 여러 가지가 있다.

꼬리 실 집어 넣기

가장 간단하게 씨실 컬러를 바꾸는 방법은 꼬리 실 집어넣기이다(사진 7참고). 15cm 정도의 꼬리 실을 남기고, 쓰고 있던 씨실을 자른다. 리드 순서를 바꾸고, 꼬리 실을 날실 사이에 끼워 넣는다. 꼬리 실 반대쪽에서 새 씨실을 시작한다. 이때도 꼬리 실을 15cm 정도 남겨 둔다. 리드로 씨실을 눌러 자리 잡도록 정리한 뒤, 리드를 다음 순서로 바꾼다. 그리고 새 씨실에서 남겨둔 꼬리 실을 날실 사이로 정리한다. 이 방법은 양쪽 가장자리에 각각의 꼬리 실들이 쌓여, 한쪽 가장자리에만 꼬리 실이 두껍게 쌓이는 것을 방지한다. 하지만 이 방법으로 여러번 실을 바꾸면, 양쪽 식서 부분에만 실이 두껍게 쌓여 꼬리 실 정리 부분이 눈에 띌 수 있다.

씨실 가져가기

두 가지 컬러를 자주 바꾸면서 위빙할 경우, 사용하지 않는 씨실을 잘라 마무리하지 않고 식서 부분에 숨긴다. 식서 부분에서 쓰고 있는 씨실과 쓰지 않는 씨실을 교차시킨다. 이때 씨실이 너무 늘어져 고리를 만들지 않게 주의하며 교차시킨다. 사용하지 않는 씨실의 셔틀은 리드 뒤로 넘기고, 식서 날실과 동일하게 여긴다. 식서 실이 아래로 내려가면 쉬고 있는 씨실도 내려, 위빙하고 있는 씨실이 그 위로 통과하도록 한다. 식서 실이 올라가면, 쓰고 있는 씨실이 쉬고 있는 씨실의 아래로 통과하도록 한다.

실 가르기

두 가지 이상의 컬러를 자주 바꾸거나 두꺼운 실로 위빙을 할 때는 실 가르기 방법으로 컬러를 바꿀 수 있다. 이 방법을 쓰면, 실 바뀌는 부분이 살짝만 두꺼워져 티나지 않게 실을 바꿀 수 있다. 새 씨실과 바꾸는 실 양쪽 모두 똑같이 실을 가른다. 2가닥 이상의 실을 합쳐 씨실로 쓸 때 이 방법을 사용하면 쉽게 실을 바꿀 수 있다. 혹은 천을 잘라 씨실로 사용할 때는 천 두께를 반으로 자르면 된다.

같은 컬러 실 잇기

같은 컬러의 실은 위빙 천 중간에서 잇는다. 위빙 천 전체 폭의 반에서 15cm 더한 길이로 실을 남기고, 셔틀에서 씨실을 자른다. 그리고 자른 실 끝에서 15cm 길이로 실을 반으로 가른다. 이제 리드 위치를 다음으로 바꾸고, 씨실을 비스듬히 날실 사이에 넣어 중간 지점까지 가져온다. 그리고 둘로 가른 실 끝 중 하나를 잡아 10cm 정도 위빙 천 밖으로 뺀다. 다른 한쪽의 10cm는 날실 사이로 위빙한 후 5cm 남은 실 끝은 위빙 천 밖으로 뺀다. 새 실을 셔틀에 감고, 실 끝에서 15cm 정도를 반 가른다. 날실의 위치는 똑같이 유지시켜 주고, 끝난 씨실이 진행한 방향과 동일하게 새 실을 시작한다. 새 실의 끝이 위빙 천의 중간 정도 오게 한다. 기존 실을 반 갈라 바깥으로 뺀 지점보다 날실 몇 개 전 위치에서 갈라진 새 실의 끝 중 하나를 위빙 천 밖으로 뺀다. 다른 하나는 10cm 정도 떨어진 위치에서, 위빙 천 밖으로 뺀다. 기존 씨실 끝을 위빙 천 밖으로 뺀 지점보다 날실 몇 개 전 위치에서 뺀다.

씨실을 눌러 자리 잡게 한다. 꼬리 실은 제품을 세탁한 후 바짝 자른다.

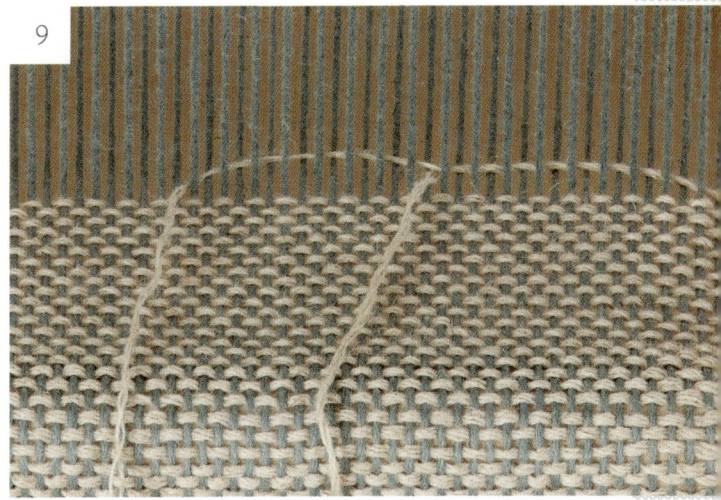

실 가르기: 기존 실을 둘로 나눠, 그중 하나를 날실 밖으로 뺀다.

그리고 새 실 끝을 둘로 가르고, 기준 실과 같은 날실 사이로 넣는다.

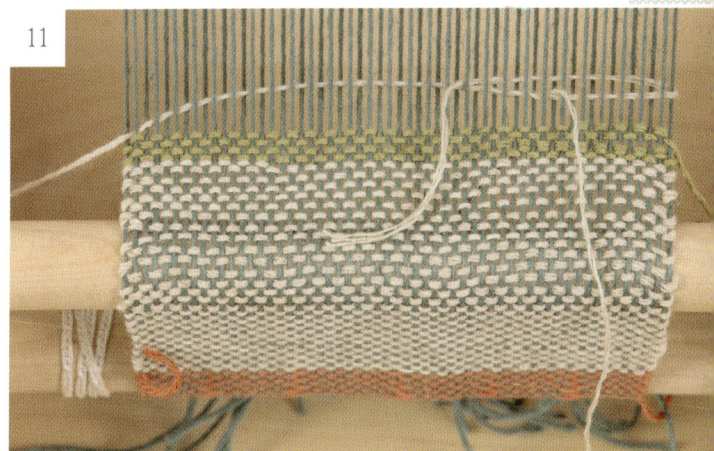

실 나누기는 실이 바뀌는 것이 거의 보이지 않으며, 식서 부분이 두꺼워지는 것을 방지한다.

12

2가닥의 실을 씨실 1엔드로 이용할 때는 더블 보빈 보트 셔틀(한 셔틀에 두 개의 보빈이 들어간다.—옮긴이)을 이용하거나, 두 개의 볼이나 콘에서 각각 1가닥씩 합쳐 스틱 셔틀에 감을 수 있다. 혹은 볼로 감긴 실의 안쪽, 바깥쪽에서 1가닥씩 뽑아 쓸 수 있다.

다른 컬러 실로 바꾸기

새로운 컬러를 시작할 때는 사용하던 실을 둘로 갈라 식서 쪽에서 정리한다. 그리고 반대편에서 새 컬러를 시작한다. 먼저, 기존 실의 마지막 단을 위빙한다. 15cm 정도를 남기고 씨실을 셔틀에서 자른다. 씨실을 식서에서부터 5cm 정도 안으로 들어온 지점에서 반 가른다. 가른 실 끝 중 하나를 위빙 천 밖으로 뺀다. 다른 실 끝은 식서를 돌아 다시 원래 자리로 가져온다. 이미 끼워져 있는 씨실보다 살짝 더 위빙하고, 위빙 천 밖으로 뺀다. 방금 실을 정리한 식서 방향에서 새 실을 시작한다. 꼬리 실은 세탁 후 바짝 자른다.

보트 셔틀

가는 실을 사용하거나 컬러를 자주 바꾸며 위빙한다면, 보트 셔틀이 매우 유용하다. 보빈(실 감는 도구 중 하나—옮긴이)에 각각 다른 컬러의 실을 감고, 필요할 때마다 보빈만 꺼내 바꾸면 된다.

적당한 장력으로 실을 감아야 보빈 위에 평평하고 부드럽게 쌓인다. 실이 보빈 한쪽에 너무 많이 감기거나 덜 감기면 실이 덜컹거리며 풀리게 된다.

보빈에 실을 단단하게 감으려면 실을 바닥이나 '콘 홀더'에 두어 실에서 보빈까지 일직선을 이루게 해야 한다. 고르게 실이 감기도록 적당한 힘으로 실을 잡고 앞뒤로 방향을 잘 잡아 준다. 보빈 위로 실이 넘치지 않게 적당량을 감도록 주의해야 한다.

더블 엔드

가는 실 2가닥을 합쳐 1엔드(엔드란 위빙에서 날실, 씨실 한 올의 명칭이다. 2가닥의 실이 1엔드가 되는 경우도 있으며, 1엔드가 늘 1가닥의 실을 의미하지는 않는다.—옮긴이)로 쓰면 두 개의 리드를 사용하지 않고도 촘촘한 천을 만들 수 있다. 물론 1가닥만 썼을 때보다는 조금 뻣뻣하다. 하지만 제품의 목적에 따라 기능에 영향을 미칠 수도, 그렇지 않을 수 있다. 위빙룸에 직접 정경하는 방식을 선호한다면 사이 칸에 실을 끼우며 구멍에도 같이 꿰면 된다. 이 방법을 쓰면 복잡한 컬러 순서도 정경하기 쉽다. 평소대로 정경하면서 사이 칸에만 실을 통과시키지 않고, 구멍에도 같이 실을 통과시키면 된다. 물론 컬러 순서에 따라 정경한다. 2가닥의 실을 날실 1엔드로 사용하는 패턴에서만 이 방법이 가능하다.

더블 엔드 날실과 씨실은 다양하게 활용할 수 있다. 어떤 방법으로 날실을 정경하든, 실의 장력을 균일하게 유지시키는 것이 중요하다. 작은 콘에 감긴 실을 사용하는 것이 가장 좋다. 날실이나 씨실을 감을 때 같은 컬러 실 두 콘을 사용하면, 2가닥을 한꺼번에 잡을 수 있어서 실 감는 시간이 줄어든다. 그리고 2가닥 모두 다루기 쉬워진다. 하나의 큰 콘에 감긴 실을 사용한다면, 그 콘에서 실을 감아 볼로 만들어야 한다. 그리고 콘과 볼에서 각각 1가닥씩 실을 잡아 쓰거나, 감은 볼의 안과 바깥에서 실을 1가닥씩 뽑아 쓰면 된다.

2가닥 실을 씨실 1엔드로 쓸 경우에도 동일한 장력으로 감아야 한다. 그래야 셔틀이나 보빈에서 같은 속도로 실이 나올 수 있다.

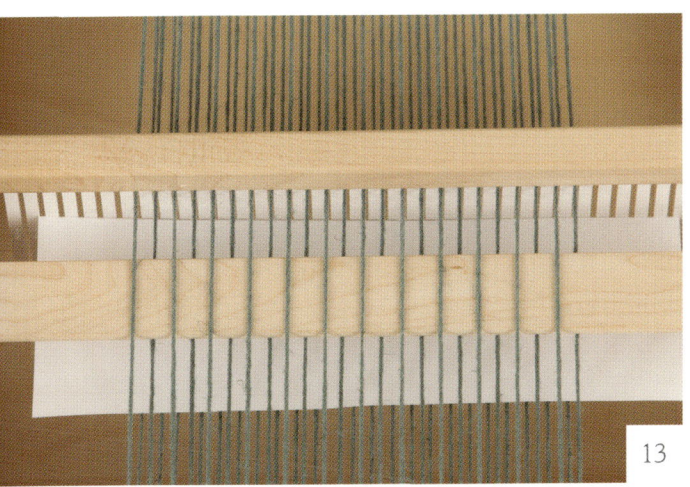

먼저 리드를 아래로 내리고, 리드 뒤쪽에서 아래로 내려간 날실들과 위로 올라간 날실들 사이에 종이를 끼우면, 들어야 하는 실들을 쉽게 구분할 수 있다.

픽업 스틱을 사용하지 않을 때는 위빙룸 뒤쪽으로 밀어 위빙에 방해되지 않도록 한다.

실수 고치기

아무리 조심한다고 해도 실수가 생기기 마련이다. 위빙하는 동안 꼼꼼히 살피는 습관을 갖는 것이 중요하다. 혹시 실수를 발견하면 네 가지 선택이 있다. 눈에 띄지 않는 실수라면 무시하거나, 씨실을 다시 풀어 고치거나, 자르고 새로 짜거나, 완성 후에 고치는 방법이 있다.

만약 그냥 넘길 수 없는 실수를 저지르면 씨실을 잘라 내고 다시 위빙하는 것이 가장 시간을 절약하고 날실에 손상이 덜 가는 방법이다. 위빙 천 중간에서 아래쪽으로 날카로운 자수용 가위를 이용해 씨실을 조심스럽게 자른 다음, 자른 실들은 양쪽 식서에서 잡아 빼고 다시 위빙한다.

픽업 스틱

이 책의 많은 패턴들이 하나 이상의 픽업 스틱을 사용하여 만들어진다. 픽업 스틱은 플레인 위브 구조를 깨뜨려, 날실이 들리고 내려지는 순서를 바꾼다. 특정 부분의 날실들이 1엔드 이상의 씨실 위나 아래로 지나가게 만든다. 픽업 스틱의 모양과 사이즈는 다양하다. 좋은 픽업 스틱은 부드럽게 사포질되어 날실이 걸리지 않고, 1개 이상의 경사진 면이 있어 쉽게 날실을 들어 올릴 수 있다. 필요한 픽업 스틱의 길이는 날실의 폭에 따라 달라진다.

식서 실 잡기

픽업 스틱은 플레인 위브의 구조를 깨기 때문에, 식서 날실이 씨실과 교차되지 않을 수도 있다. 이런 경우, 다음 순서를 시작할 때 식서 실을 놓치고 갈 수 있다. 손으로 식서 실을 올리거나 내려 교차시켜야 한다.

리드 앞에서 사용할 때

리드의 앞이나 뒤에서 픽업 스틱을 사용할 수 있다. 리드 앞에 사용할 경우, 매번 실을 들어 올려야 한다. 픽업 스틱을 세워 날실을 들고 씨실을 짠다. 그리고 스틱을 뺀 뒤 씨실을 눌러 자리 잡게 한다.

리드 뒤에서 사용할 때

리드 뒤에서 하나의 픽업 스틱을 사용할 때는 스틱을 매번 뺄 필요가 없다. 하지만 리드 뒤에서 픽업 스틱을 끼울 때는 사이 칸에 펜 실들만 선택 가능하다. 리드를 아래쪽을 내려 사이 칸 실만 위에 있게 만들면 좀 더 쉽게 픽업 스틱을 사용할 수 있다. 이때 실과 반대

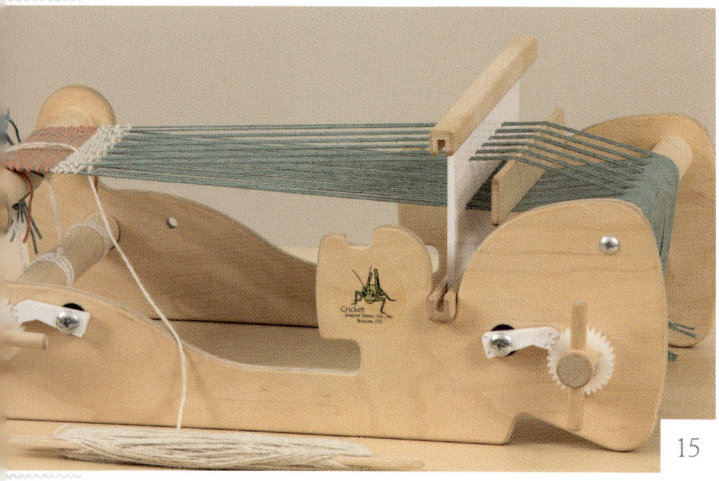

'픽업 스틱 세우기'는 리드를 기본 자리에 두고, 누워 있는 픽업 스틱을 직각으로 세운다.

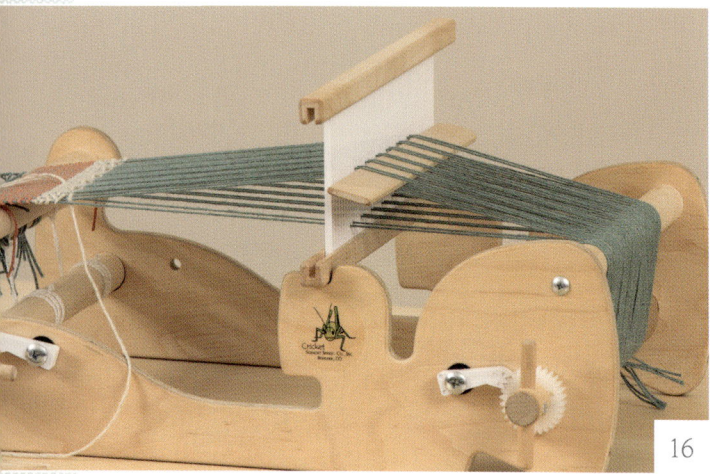

'픽업 스틱 들기'는 리드를 위로 올리고, 픽업 스틱을 앞쪽으로 당겨 리드에 바짝 붙인다.

되는 컬러의 종이를 벌어진 날실 사이에 끼우면 좀 더 쉽게 실들을 구분할 수 있다(사진 13 참고). 리드 뒤에서는, 픽업 패턴에 필요한 실들은 사이 칸에 꿰인 실들로 선택한다.

이 책의 패턴들은 어떻게 픽업 스틱을 들고 내리는지를 설명한다.

픽업 스틱을 쓰지 않을 때는 위빙룸 뒤로 밀어 방해되지 않게 한다(사진 14 참고).

픽업 패턴을 작업할 때, '픽업 스틱 세우기'와 '픽업 스틱 들기' 방법을 사용한다. '픽업 스틱 세우기'는 리드를 중립에 두고 픽업 스틱을 앞으로 밀고 스틱을 돌려 세워, 실을 들어 준다(사진 15 참고). 이 방법은 씨실을 띄우는(씨실이 2엔드 이상의 날실 위로 연속해서 올라간 경우를 '뜬다'라고 표현한다. ―옮긴이) 패턴을 만든다.

몇몇 리지드 헤들룸은 리드를 중립에 두는 것이 힘들 수 있다. 혹시 갖고 있는 위빙룸의 리드를 중립에 둘 수 없다면, 헤들 블록 앞에 두고 픽업 스틱을 세우면 된다. 이때 날실이 팽팽해야 날실 사이가 깔끔하게 벌어진다.

'픽업 스틱 들기'는 리드를 위로 올리고 픽업 스틱을 리드 뒤에서 끼워 넣는다(사진 16 참고). 이 방법은 날실을 띄우는(날실이 2엔드 이상의 씨실 위로 연속해서 올라간 경우를 '뜬다'라고 표현한다. ―옮긴이) 패턴을 만든다.

이 방법에서는 리드를 아래로 내리고 위빙할 때 픽업 스틱을 움직이지 않아도 된다. 리드를 위로 들고 위빙할 때만 스틱을 리드 쪽으로 당겨, 리드 뒤로 바짝 붙게 한다.

이런 기술과 도구, 조언들은 위빙 작업에 유용하게 쓰일 것이다. 이 방법들을 숙지하고 있으면 자신있게 위빙을 시작할 수 있다.

헤들 막대

'트위드&트윌 쿠션 커버'와 같은, 이 책에 실린 몇몇 패턴들은 2개의 픽업 스틱이 필요하다. 두 번째 스틱은 첫 번째 것과 반대되게 날실을 든다. 하지만 두 번째 픽업 스틱에 해당하는 날실들을 들면 첫 번째 스틱의 날실들이 방해 받는다(사진 1 참고).

두 번째 픽업 스틱 대신 헤들 막대에 날실을 걸면, 첫 번째 픽업 스틱의 날실들을 방해하지 않으면서 쉽게 실을 들어 올릴 수 있다. 그리고 매번 픽업 스틱을 빼고 바꾸는 수고를 덜어 준다. 헤들 막대로 사용하는 나무 봉이나 막대는 날실의 폭보다 5cm 이상 길어야 한다.

'실 헤들'을 이용해 필요한 날실을 헤들 막대에 고정시킨다. 실로 만든 작은 고리인 실 헤들을 날실 아래로 통과시키고, 고리의 양끝을 헤들 막대에 끼운다. 막대를 들면 필요한 날실들이 따라 올라와 실 사이를 충분히 벌리게 된다.

들어야 하는 실들의 엔드 수만큼 실 헤들이 필요하다. 실 헤들은 리드를 기준으로 만든다(사진 2 참고). 크로셰나 실켓 가공 코튼과 같이 튼튼하고 매끄러운 실이 가장 좋다. 실을 리드 둘레로 묶는다. 그리고 스퀘어 매듭으로 단단히 묶는다. 실을 자르고, 같은 방법으로 다음 실 헤들을 묶는다. 작업에 필요한 날실 수만큼 실 헤들을 만든다.

리드를 아래쪽으로 내리고, 리드 뒤에서 원하는 날실을 고른다. 픽업 스틱을 리드 가까이에서 세워 날실을 들어 올린다. 올라온 첫 번째 날실의 아래로 실 헤들을 통과시킨다. 실 헤들을 반으로 접어 날실을 감싸고, 실 헤들의 양쪽 고리를 헤들 막대에 끼운다. 다음 실 헤들을 가져와 같은 방법으로 다음 날실을 헤들 막대로 옮긴다(사진 3 참고). 계속해서 올라와 있는 모든 날실을 실 헤들로 헤들 막대에 끼운다.

실 헤들을 모두 끼운 후 헤들 막대 위에 마스킹 테이프를 붙여 고정하면 위빙하는 동안 실 헤들이 막대에서 빠지지 않는다.

헤들 막대는 리드와 픽업 스틱의 사이, 즉 리드 뒤, 첫 번째 픽업 스틱의 앞에 자리한다. 픽업 패턴에 필요할 때 막대를 들어 날실을 위로 올린다(사진 4 참고). 사용하지 않을 때는 리드 뒤에 둔다.

1

하나 이상의 픽업 스틱을 사용할 때는 스틱들이 서로를 방해할 수 있다. 이때 헤들 막대를 사용하면 문제를 해결할 수 있다.

2

실을 리드를 기준으로 묶어, 같은 길이의 균일한 실 헤들을 만든다.

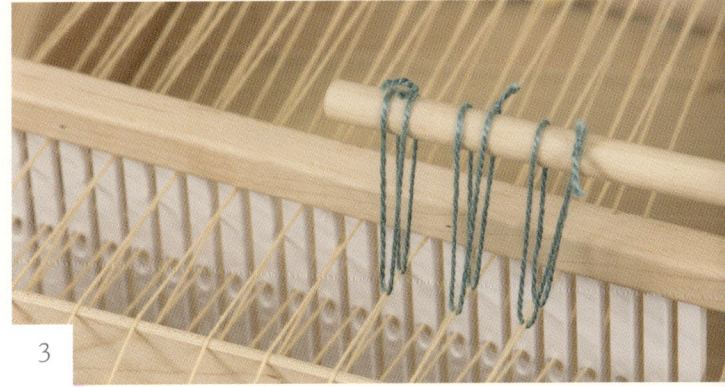

3

실 헤들을 사용해, 필요한 날실을 헤들 막대에 고정한다.

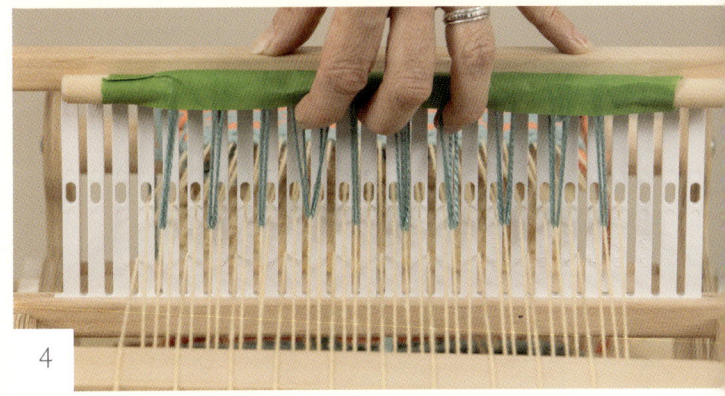

4

헤들 막대를 사용할 때는 리드를 적절한 위치에(사진에서는 위로 올린 상태) 둔다. 그리고 헤들 막대를 위로 당겨 필요한 날실을 들어 올린다.

리지드 헤들룸 위빙

3장

위빙 준비

처음 위빙을 접하는 사람이라면 패턴을 읽는 방법이 생소할 수 밖에 없다. 이번 장에서는 이 책에서 다루고 있는 작업들의 준비 방법과 패턴 차트 읽는 방법에 대해 소개한다.

위빙 계획 읽는 법

모든 작업의 시작에 위빙을 셋업하는 데 필요한 자세한 정보가 담긴 '위빙 계획' 박스가 있다. 여기서 작업 전반과 셋업에 필요한 것들을 설명한다. 완성 사이즈, 재료, 도구 등을 설명한다.

완성 사이즈
세탁 후 사이즈를 말한다(위빙 후 세탁을 거치면 위빙룸에서의 사이즈보다 수축된다. –옮긴이).

직물 구조
직물 구조는 셋업 방법이나 위빙 테크닉을 통해 생기는, 특정한 엮임 방식을 의미한다. 위빙은 세로 방향으로 셋업되어 있는 여러 가닥의 '날실'들 사이로 가로 방향으로 진행하는 '씨실'을 채우며 완성한다. 이에 따라, 날실과 씨실이 직각으로 교차되는 구조가 대표적 특징이다. 가장 대표적인 직물 구조인 플레인 위브는 가로로 진행하는 씨실이 첫 번째 날실의 위로 지나갔다면 다음 날실은 아래로 통과한다. 같은 방식으로 씨실이 날실 위아래로 짜이며 씨실 1엔드에 날실 1엔드가 엮이는 구조이다.

도구
제품 사이즈에 따라 필요한 위빙룸의 크기 또한 달라진다.

준비물
작업에 특정 도구와 재료가 추가적으로 필요하다면 따로 설명된다.

날실 밀도
직물 게이지를 나타낸다. 날실 사이 간격을 뜻하며, 간격의 차이에 따라 위빙 조직의 밀도가 달라진다. 작업마다 알맞은 날실 밀도를 알려 준다. 위빙룸에 걸려 있을 때를 기준으로, 1인치(2.5cm) 당 몇 가닥의 날실이 들어가는지를 표기한다.

위빙 폭
위빙룸에 셋업된 날실의 폭을 말한다. 위빙 폭 사이즈를 이용해 리드에서의 중심을 찾을 수 있다.

씨실 단 수
1인치(2.5cm) 당 짜이는 씨실의 단 수를 뜻한다. 이는 위빙룸에 셋업되어 실들이 팽팽하게 당겨진 상태에서의 개수이다. 표기되어 있는 수와 동일하게 위빙해야 샘플과 같은 크기의 직물을 완성할 수 있다.

날실 길이
필요한 날실의 길이.

날실 엔드 수
필요한 날실의 엔드 수.

실
필요한 실의 종류와 양을 나타낸다. 실의 종류, 재질, 필요한 중량, 컬러별 필요량 순서로 쓰여 있다.

정경
매 작업마다 추천하는 정경 방법이 쓰여 있다(자세한 정경 방법은 9장에서 확인할 수 있다.).

차트 읽기

일반적으로 날실 정경과 씨실 위빙의 계획은 위빙 작업에 앞서 미리 세운다. 대부분의 위빙 도안들이 이 두 가지를 필수로 한다. 이 책은 날실 정경과 씨실 위빙 차트를 둘로 나눠 구성하고 있다. 위빙룸 셋업과 위빙 방법을 쉽게 이해할 수 있을 것이다.

날실 차트
날실 차트는 오른쪽에서 왼쪽으로 읽는다. 칸마다 쓰여 있는 숫자는 컬러별로 몇 엔드의 날실이 필요한지를 보여 준다. 엔드 수는 리드의 사이 칸과 구멍에 들어

가는 날실 수를 의미한다. 1개의 사이 칸이나 구멍에 1가닥 이상의 실이 들어갈 경우 따로 설명하였고, 정경에 중요한 주의점 또한 설명하였다.

오른쪽에 예시된 차트 1은 4장의 '네 종류 패턴 행주'의 날실 차트이다. 2가닥 남색 실을 5엔드 정경 후, 2가닥 하늘색 실 5엔드, 그리고 순서대로 정경한다. 차트 아랫부분에는 총 엔드 수가 쓰여 있다. 이는 날실이 꿰인 사이 칸과 구멍 갯수와 동일하며, 날실 엔드 수와도 동일하다. 차트 가장 위쪽의 숫자는 차트의 정경 순서를 몇 회 반복하는지를 나타낸다.

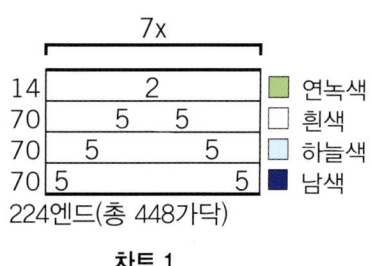

차트 1

위빙 차트

위빙 차트(차트 2)는 위에서 아래로 읽는다. 어떤 컬러의 순서로 씨실을 위빙해야 하는지를 보여 준다. 위쪽에 표시되어 있는 컬러와 동일하게 씨실을 준비한다. 차트의 숫자는 같은 컬러의 씨실이 몇 단 위빙되는지를 보여 준다. 차트 오른쪽에서는 같은 패턴이 몇 번 반복되는지를 표기한다.

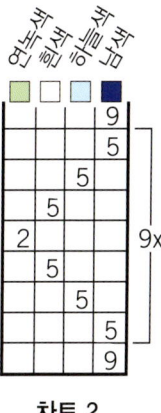

차트 2

4장

주방

집 안에서 위빙 제품이 가장 잘 어울리는 곳은 주방일 것이다. 주방 제품들을 위빙할 때 가장 중요한 섬은 오래가고 잘 마르는 직물을 만드는 것이다. 소박한 느낌의 행주는 위빙 작업으로 인기가 좋지만, 너무 수수하게 만들 필요는 없다. 나만의 스트라이프, 내가 좋아하는 배색의 체크 또는 밝은 하운드투스 체크(체크의 형태가 사냥개의 이빨처럼 보이는 것에서 유래된 이름-옮긴이)등 자신이 원하는 디자인으로 만든 행주는 매일같이 해야 하는 지겨운 집안일을 일상의 즐거움으로 바꿔 준다. 위빙으로 짠 카페 커튼(창의 일부만 가리는 커튼-옮긴이)과 래그 러그(자투리 천을 씨실로 사용한 러그-옮긴이) 등으로 주방 바닥부터 천장까지도 꾸밀 수 있다.

네 가지 패턴의 행주

날실에 두 가지 이상 컬러를 사용하면 패턴에 다양한 변화를 줄 수 있다. 같은 날실에서 다양한 패턴을 얻을 수 있다. 비가공 코튼과 코튼 리넨 혼방사를 사용하면 흡수성이 매우 좋아진다. 여기에 체크와 스트라이프 패턴으로 넉넉한 사이즈로 짠다면 매일같이 즐겁게 사용할 수 있는, 활용도 높은 나만의 행주를 완성할 수 있다. 사용하는 위빙룸의 폭이나 각자 주방에서 필요한 크기에 따라 사이즈를 키우거나 줄일 수 있다.

위빙 계획

완성 사이즈
4개의 행주 각각 49.5×72.5cm

직물 구조
플레인 위브

도구
1) 리지드 헤들룸: 23인치(58.5cm), 10dpi 리드
2) 스틱 셔틀 5개(혹은 보트 셔틀과 보빈 5개)

준비물
돗바늘, 바느질용 실과 바늘, 여유 실

씨실 날실 준비

날실 밀도
10(이번 작업에서는 2가닥이 1개의 엔드로 쓰임)

위빙 폭
57cm

씨실 단 수
10(2가닥 사용)

날실 길이
4.1m(45.7cm의 여유분 포함)

날실 엔드 수
224(실 2가닥이 1개의 엔드로 쓰였으므로 총 448가닥의 실 필요)

정경 방법
정경대 사용

실 정보

날실
22/2 코튼 리넨 혼방(3,246m/lb): 하늘색, 남색 각 576m

8/2 비가공 코튼(3,081m/lb): 연녹색 115m, 흰색 576m.

씨실
22/2 코튼 리넨 혼방: 하늘색 413m, 남색 785m

8/2 비가공 코튼(3,080m/lb): 연녹색 66m, 흰색 326m

정경

1. 위빙 계획과 날실 컬러 차트를 참고해, 1개의 사이 칸과 구멍마다 2가닥의 실을 넣는다.

참고: 날실 엔드 수가 홀수이기 때문에, 정경대 사용을 추천한다. 위빙룸에 직접 정경하는 것을 선호한다면 사이 칸과 구멍에 동시에 실을 꿰는 것으로 쉽게 정경할 수 있다. 실 고리를 리드에 통과시켜 실 막대(리지드 헤들룸에 직접 정경할 때, 날실을 필요 길이만큼 고정하는 도구—옮긴이)에 걸면 된다. 이 방법은 2가닥의 실을 1엔드로 쓸 때 유용하다.

위빙

2. 씨실로 사용할 네 가지 컬러의 실을 2가닥씩 같이 잡아, 4개의 셔틀 혹은 보빈에 각각 감는다. 남은 셔틀이나 보빈에 여유 실을 감는다. (2장의 더블엔드 씨실 감는 법 참고)

3. 처음 부분 2.5cm를 여유 실로 헤더 위빙하여 날실을 고르게 펼친다.(2장 참고)

4. 위빙 차트를 참고하여 첫 번째 컬러로 위빙을 시작한다. 꼬리 실을 위빙 폭의 6배로 길게 빼 두고 위빙을 시작한다. 씨실 컬러 순서를 지키며 5cm 플레인 위브로 짠다.

5. 돗바늘을 이용해 남겨 둔 꼬리 실로 헴 스티치나 자수 스티치로 위빙 시작 부분을 고정한다.(9장 참고)

6. 씨실 컬러 차트를 참고하고 2가닥의 씨실을 사용하여 네 가지 패턴의 행주를 완성한다. 완성할 때마다 헴 스티치나 자수 스티치를 사용해 마무리한다. 그리고 10cm 정도를 위빙하지 않은 상태로 날실을 띄우고, 다음 위빙을 시작한다. 이때도 꼬리 실을 남겨 헴 스티치나 자수 스티치로 위빙 시작 부분을 고정한다.

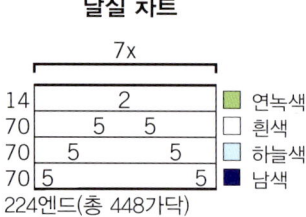

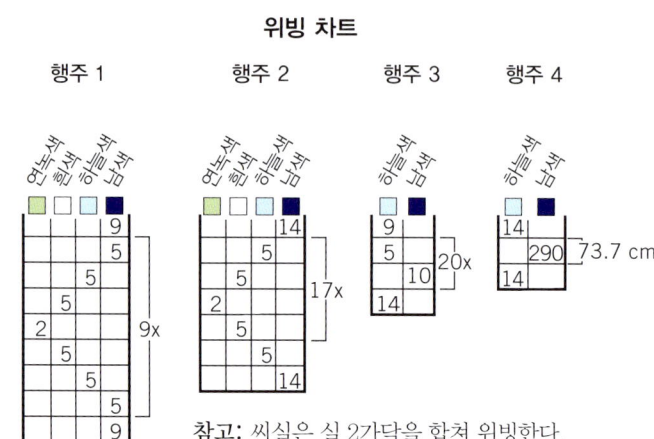

참고: 씨실은 실 2가닥을 합쳐 위빙한다.

마무리

7. 완성한 천을 위빙룸에서 떼어 낸다. 모든 꼬리 실들은 5cm 길이로 자른다. 술은 6mm로 자른다.

8. 직물 끝을 6mm 접은 후, 다시 1.3cm 접어 술을 감싼다. 바느질을 위해 솔기를 핀으로 고정한다. 손 바느질, 재봉틀, 감침질 등을 이용해 마무리한다.(9장 참고)

9. 완성된 행주는 일반 세제를 넣고 세탁기에서 가장 약한 코스로 찬물 세탁한다. 약하게 탈수하여 물기가 있는 상태로 세탁기에서 꺼내 자연 건조시킨다. 건조 후 남아 있는 꼬리 실들은 바짝 자른다.

재활용 천 래그 러그

자투리 천이 있다면 버리지 말고 러그로 만들어 보자. 천을 찢어 만든 실은 여러모로 쓸모있는 위빙 재료 중 하나이다. 러그뿐만 아니라 멋진 테이블 러너나 식탁 매트 등도 만들 수 있다. 중고 매장이나 세일 매대에서 흥미로운 천을 찾아 위빙 재료로 재활용해도 된다. 래그 러그는 스트라이프와 체크 패턴으로 완성되며, 깔끔하고 생기를 주는 포인트 인테리어가 될 것이다.

위빙 계획

완성 사이즈
52×92cm

직물 구조
플레인 위브

도구
1) 리지드 헤들룸: 21인치(53.5cm), 8dpi 리드
2) 51cm 스틱 셔틀 4개, 태피스트리 빗, 재봉틀

준비물
로터리 커터와 커팅 매트, 퀼팅 자, 바느질용 실과 바늘, 여유 실, 7.5cm 크기의 S자 후크 2개(선택 사항)

씨실 날실 준비

날실 밀도
8

위빙 폭
53.5cm

씨실 단 수
5

날실 길이
152.2cm(45.5cm의 여유분 포함)

날실 엔드 수
168

정경 방법
직접 정경

실 정보

날실
8/4 카펫 날실 코튼(1,463m/lb): 암녹색 183m, 분홍색 73m

씨실
폭 3.8cm 바이어스 컷 100% 코튼 래그 스트랩: 녹색 프린트 32m, 연노란색 69m, 연파란색 27m

정경

1. 위빙 계획과 날실 차트를 참고하여 정경한다.

날실 차트

48	24	24		■ 분홍색
120	40	40	40	■ 암녹색
168 엔드				

위빙

2. 씨실로 사용할 세 가지 스트랩을 셔틀에 감고, 남은 셔틀에 여유 실을 감는다.

3. 처음 부분 2.5cm를 여유 실로 헤더 위빙하여 날실을 고르게 펼친다. (2장 참고)

4. 녹색 프린트 씨실로 위빙을 시작한다. 10cm 정도의 꼬리 실을 남기고, 한 단을 짠다. 리드를 다음 순서로 바꾸고, 꼬리 실 7.5cm를 날실 사이로 집어 넣는다. 실끝은 날실 밖으로 뺀다.

5. 위빙 차트를 참고하여 위빙을 계속한다. 위빙하는 동안, 리드를 이용해 씨실을 단단하게 누른다.

매번 2.5cm 정도 위빙하고 나면 리드를 다음 순서로 바꾼 상태에서 위빙을 멈춘다. 예를 들어, 방금 리드를 위로 올리고 위빙했다면 이번에는 리드를 내린다. 그리고 태피스트리 빗을 이용해 씨실을 단단하게 누른다. 위빙한 직물의 높이가 반으로 줄어드는 것을 볼 수 있을 것이다.

참고: 같은 컬러의 실을 이어서 하는 경우, 위빙 천 중간에서 새 실로 이어 준다. 그래야 실 끝이 두껍게 쌓이는 것을 방지할 수 있다. 다른 컬러의 실로 바꾸는 경우에는 '실 가르기' 방법을 써서 실이 두껍게 쌓이는 것을 피한다(2장 참고). 스트랩 끝에서 가로 방향으로 25.5cm 정도 반 잘라 실 가르기 방법을 쓴다.

씨실 각도가 충분히 넉넉해야 식서가 당겨지지 않는다.

날실 밀도가 성글면, 식서 부분이 당겨질 수도 있다. 손가락을 이용해 식서 날실을 자주 펴 주어야 한다. S자 후크로 식서 실에 무게를 더하는 방법도 도움이 된다.

씨실로 사용하는 천이 한 면에만 프린트된 경우, 천을 뒤집거나 접어 천의 앞면이 러그의 앞면으로 위빙되게 신경써야 한다. 그렇지 않으면 천의 뒷면이 러그의 앞면에 보이면서, 흰색 얼룩처럼 느껴질 수 있다.

위빙 차트

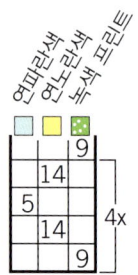

마무리

6. 완성한 천을 위빙룸에서 떼어 낸다. 12.5cm로 날실을 자르고 술은 매듭으로 마무리한다.

7. 날실은 4가닥씩 잡아 오버핸드 매듭(9장 참고-옮긴이)을 엇갈려 2단 만든다. 여유 실은 매듭을 지으며 조금씩 빼야 매듭 짓는 동안 씨실이 빠지지 않는다.

8. 커팅 매트와 로터리 커터를 이용해 술 끝을 1.3cm 혹은 원하는 길이로 자른다. 남아 있는 꼬리 실들은 바짝 자른다.

9. 필요하다면, 사용 전에 러그를 세탁한다. 사용하다가 러그가 더러워지면 세탁기에 일반 코스로 세탁한다.

래그 러그용 천

대부분의 천은 래그 러그 재료로 사용 가능하다. 개인적으로 의류보다는 쓰고 남은 직물을 사용해 위빙하는 것을 좋아하는데, 두꺼운 솔기 부분을 신경쓰지 않아도 되기 때문이다. 앞뒤로 재미있는 패턴이 있는 천도 좋다. 울, 레이온, 코튼, 코튼 폴리 혼방 등 다양한 종류의 천을 쓸 수 있다.

풀기를 제거하기 위해 천을 세탁하고 건조시킨다. 그래야 위빙할 때 씨실을 누르기 쉬워진다. 세탁 후에 다림질은 필요 없다.

천 자르기

천을 다양한 방법으로 자르거나 찢어 위빙용 스트랩으로 만들 수 있다. 천을 찢어 만든다면, 2.7-3.7m 정도로 길게 만드는 것이 좋다. 절단할 면을 마주하고, 천의 폭을 따라 3.8cm마다 짧게 가위질한다. 가위질한 곳을 찢으면 긴 끈이 완성된다.

개인적으로 바이어스 재단법을 선호하는데, 그래야 스트랩의 올이 덜 풀리기 때문이다. 게다가 길게 만들 수 있다. 바이어스 테이프를 만드는 일에 익숙하다면 거의 비슷한 방법에 사이즈만 조금 커진다고 생각하면 된다.

1. 1.8m의 천을 반으로 접는다. 1.3cm의 솔기를 띄우고 재봉틀을 이용해 접힌 부분을 뺀, 열려 있는 3면을 돌려 박는다.

2. 접힌 부분을 왼쪽에 두고 평평한 바닥에 천을 편다. 가위를 이용해 위쪽 천 오른쪽 아래 코너 솔기 안쪽으로 작게 구멍을 낸다. 이때 바느질 부분이 같이 잘리지 않도록 주의하며 위쪽 천만 자른다. 구멍에 가위를 넣고 오른쪽 아래 코너에서 왼쪽 위 코너로 자른다. 바느질 부분 직전에 멈춘다.(그림 1)

3. 접힌 쪽을 계속 왼쪽에 두고 천을 뒤집는다. 그리고 위쪽 천(뒤집기 전에는 바닥에 닿아 있던)을 왼쪽 아래 코너에서 오른쪽 위 코너로 자른다.(그림 2)

4. 위쪽 천이 잘린 라인 중심 왼편에는 왼손을, 오른편에는 오른손을 올린다.(그림 3)

    튜브 모양이 되도록 천을 들어 올린다.(그림 4)

    왼쪽 접힌 부분에서 10cm 정도 공간을 두고, 천을 세로 방향으로 접는다.(그림5)

5. 커팅 매트와 로터리 커터, 퀼팅 자를 이용해 위 아래, 지저분한 가장자리를 잘라 낸다. 오른쪽 끝 접힘 부분에서 시작해

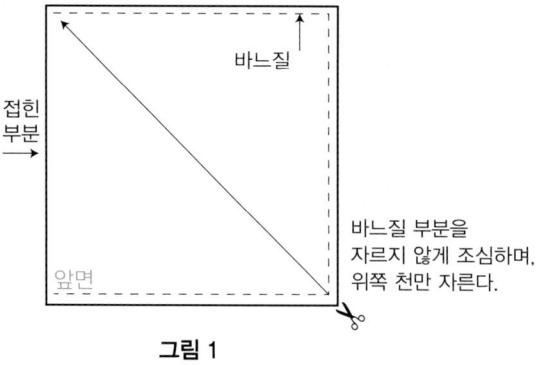

그림 1

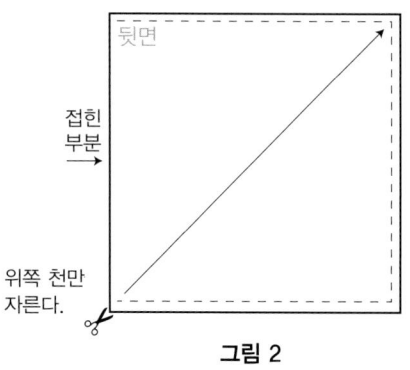

그림 2

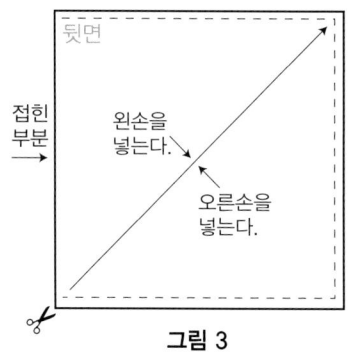

그림 3

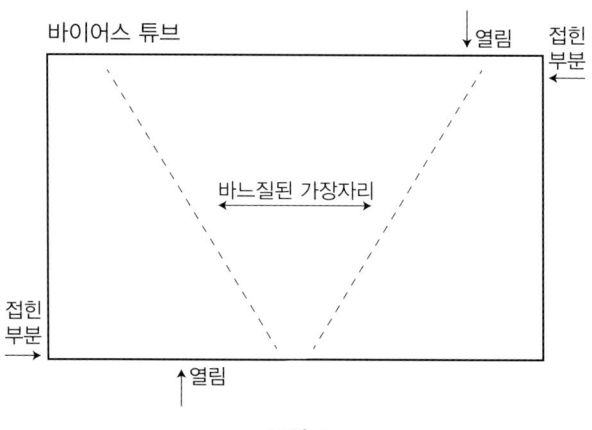

그림 4

천을 3.8cm 두께의 끈으로 자른다. 왼쪽 끝 접힘 부분으로부터 7.5cm는 자르지 않고 남겨 둔다(그림 6).

6. 왼쪽 접힘 부분에 생긴 튜브 안쪽으로 왼손을 넣어 천을 들어 올린다. 팔 위에 자르지 않은 천 부분이 자리하고, 왼쪽 접힘 부분에서 아래로 3.8cm 고리가 달릴 것이다. 이것을 '바이어스 테이프 훌라'라고 부르기도 한다(그림 7). 끝을 계속해서 한 각도로 잘라, 바이어스 테이프를 만든다. 이때 팔을 돌려 손바닥이 바닥을 향하게 하고, 잘리지 않은 천의 접힘 부분은 팔 위에 둔다. 첫 번째 절개가 가장 중요하다. 대각선으로 똑바로 자르면 천 고리가 바닥으로 떨어질 것이다. 오른쪽에서부터 시작한다. 먼저, 접힘 중간 부분에서 위쪽 첫 절개와 이어지게 대각선 방향으로 자른다(그림 8). 자른 끈은 바닥에 떨어지게 둔다.

7. 계속해서 끈을 자른다. 아래쪽 절개와 윗쪽 절개가 일직선으로 이어지게 대각선 방향으로 똑바로 자른다. 팔에 상처내지 않도록 조심하며 자른다.

8. 이와 동일한 방법으로 손에 있는 끈을 모두 자른다. 마지막 끈에서는 접힘 부분의 중간까지 자른다. 잘린 끈은 바닥에 떨어지게 둔다.

9. 연결된 끈이 바닥에 쌓여 있을 것이다. 볼로 감아 보관하거나 바로 셔틀에 감아 쓸 수 있다.

러그 위빙용으로 특별하게 제작된 셔틀은 두꺼운 씨실을 효율적으로 감을 수 있다. 하지만 대부분의 러그 위빙용 셔틀은 리지드 헤들룸의 날실 사이를 통과하기에는 너무 두껍다. 리지드 헤들룸 구조상, 날실을 높이 들어올릴 수 없기 때문이다. 스틱 셔틀의 중간에 천 스트랩을 납작하게 감는 게 좋다. 그리고 이번 작업의 컬러 반복은 비교적 짧은 편인만큼, 굳이 특별한 도구가 필요하지 않다.

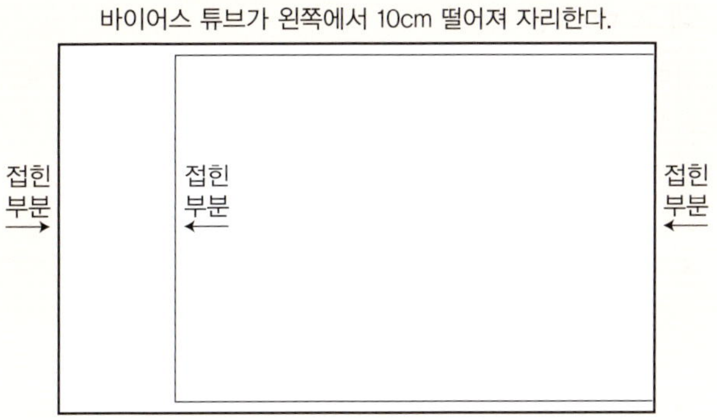

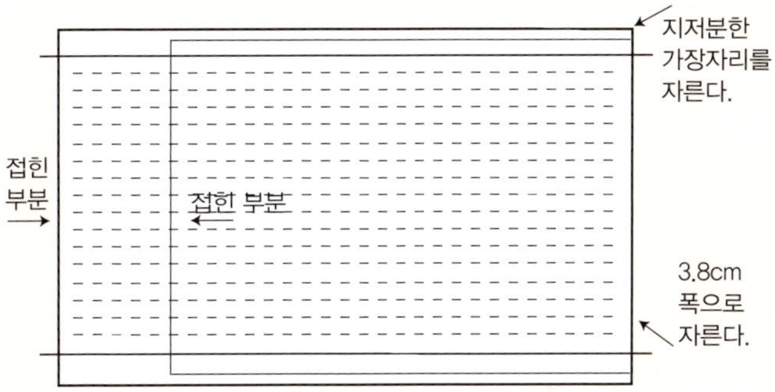

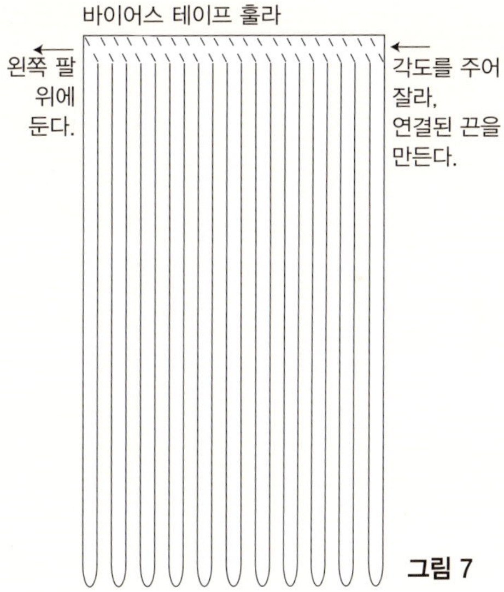

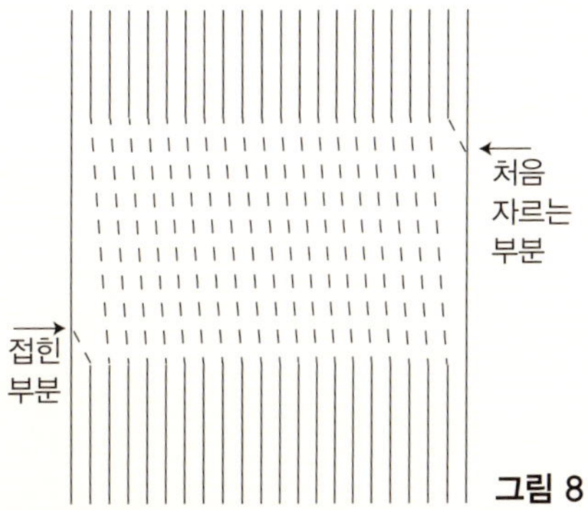

경쾌한 느낌의 행주

//

경쾌한 느낌의 행주들은 주방 분위기를 북돋아 준다. 마법같은 컬러 앤 위브 패턴을 이용하면, 하나의 날실에 다양한 느낌의 패턴들을 완성할 수 있다. 컬러 앤 위브는 플레인 위브 구조에 밝고 어두운 컬러의 조합을 달리해 복잡해 보이는 패턴이다. 시각적 착각을 주는 패턴이라고 할 수 있다. 굵직한 코튼 실을 사용하면 주말동안 여러 장의 행주를 짤 수 있다. 이 행주들은 어떤 주방에서도 밝은 분위기를 내며, 손님들에게 깊은 인상을 줄 수 있다.

위빙 계획

완성 사이즈
3개의 행주 각각 33.5×49.5cm

직물 구조
컬러 앤 위브

도구
1) 리지드 헤들룸: 15인치(38.1cm), 8dpi 리드
2) 스틱 셔틀 4개

준비물
바느질용 실과 바늘, 여유 실

씨실 날실 준비

날실 밀도
8

위빙 폭
38cm

씨실 단 수
8

날실 길이
246cm(45.5cm의 여유분 포함)

날실 엔드 수
118

정경 방법
직접 정경

실 정보

날실
4합 워스티드 웨이트 코튼(724m/lb): 분홍색 148m, 노란색 144m

씨실
4합 워스티드 웨이트 코튼: 분홍색 126m, 노란색 99m,

8/2 비가공 코튼(3,070m/lb): 분홍색 24m, 노란색 39m

정경

1. 위빙 계획을 참고해 정경한다. 분홍색 2엔드로 시작해 노란색 2엔드와 분홍색 2엔드를 29번 반복, 총 118엔드(분홍색 60, 노란색 58) 정경한다.

위빙

2. 각각의 셔틀에 씨실들을 감고, 남은 셔틀에 부드럽고 굵은 여유 실을 감는다.
3. 처음 부분 2.5cm를 여유 실로 헤더 위빙하여 날실을 고르게 펼친다.(2장 참고)
4. 단 처리 마무리(9장 참고)를 위해, 행주의 양쪽 끝에 8/2 코튼 실로 15단(약 3.8cm) 위빙한다.
5. 위빙 차트를 참고하여 위빙을 계속한다. 행주 사이는 날실을 5cm 정도 위빙되지 않은 상태로 띄운다. 컬러를 바꿀 때마다 식서 부분을 신경 쓴다.(2장 참고)

마무리

6. 완성한 천을 위빙룸에서 떼어 낸다. 모든 실 끝은 5cm 길이로 자른다. 술은 6mm 길이로 자른다.
7. 직물 끝을 6mm 접고, 다시 1.3cm 접어 술을 감싼다. 단일 컬러에서 패턴으로 넘어가는 곳을 기준으로 단을 접는다. 8/2 코튼 실로 위빙한 부분이 제품 뒷면에 자리하도록 한다. 바느질과 다림질을 위해 솔기를 핀으로 고정한다. 비슷한 컬러의 실을 이용해 재봉틀로 마무리하거나 접힌 부분에 감침질한다.
8. 완성된 행주는 일반 세제를 넣고 세탁기에서 가장 약한 코스로 찬물 세탁한다.
9. 약하게 탈수하여 물기가 있는 상태로 세탁기에서 꺼내 자연 건조시킨다. 건조 후 남아 있는 꼬리 실들은 바짝 자른다.

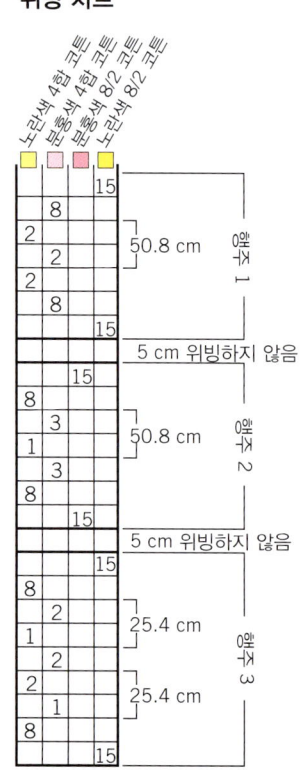

산뜻한 브레드 클로스

이 작업은 리넨에서 영감을 받았다. 질 좋은 리넨 실로 촘촘하게 짜면 엄청난 내구성의 직물을 완성할 수 있다. 두 개의 리드를 사용하면 픽업 스틱 없이도 촘촘하고 뛰어난 드레이프성을 가진 귀여운 패턴의 브레드 클로스를 만들 수 있다.

위빙 계획

완성 사이즈
56×74cm

직물 구조
플레인 위브, 잉글리시 플레인 위브, 버드 아이 트윌

도구
1) 리지드 헤들룸: 24인치(61cm), 10dpi 리드 2개
2) 스틱 셔틀 3개, 정경 막대

준비물
돗바늘, 바느질용 실과 바늘, 여유 실

씨실 날실 준비

날실 밀도
20

위빙 폭
61cm

씨실 단 수
플레인 위브 10, 패턴 15

날실 길이
127cm(45.5cm의 여유분 포함)

날실 엔드 수
480

정경 방법
정경대 사용해 2개 리드 정경

실 정보

날실
16/2 건식 방사 리넨(2,195m/lb): 초록색 610m

씨실
16/2 건식 방사 리넨: 초록색 220m, 분홍색 35m

정경

1. 위빙 계획을 참고해 2개의 리드에 정경한다.(8장의 넓은 날실 정경 방법 참고)

위빙

2. 셔틀 하나에 바탕색인 초록색 씨실을 감고, 다른 셔틀에는 분홍색 실과 여유 실을 감는다.
3. 처음 부분 2.5cm를 여유 실로 헤더 위빙하여 날실을 고르게 펼친다.
4. 위빙 폭의 6배 길이의 꼬리 실을 남기고 플레인 위브로 5cm 짠다. 리드로 강하게 씨실을 눌러 단단하게 쌓으며 위빙한다. 1가닥의 실이 올라가 있는 동안 3가닥의 실이 뭉쳐 플레인 위브 부분이 고르지 않게 보일 수 있으나, 세탁 후에 고르게 펴질 것이다.
5. 꼬리 실을 돗바늘에 꿰어 헴 스티치나 자수 스티치로 위빙 시작 부분을 고정한다.
6. 다시 플레인 위브로 10cm 위빙해 위빙 차트에 표시된 15cm를 완성한다.

패턴 반복

7. 트윌 패턴 순서에 맞춰, 잉글리시 플레인 위브와 버드 아이 트윌을 완성한다. 패턴을 위빙할 때, 쓰지 않는 씨실은 식서 실과 함께 짜 올린다.
   패턴을 완성할 때마다 15cm 길이의 꼬리 실을 남기고 실을 자른다. '꼬리 실 집어 넣기 방법(2장 참고–옮긴이)'으로 다음 플레인 위브 순서에 넣어 마무리한다.
8. 패턴을 4번 반복 위빙하고 나면 마지막 플레인 위브 15cm를 짠다. 헴 스티치나 자수 스티치로 마무리한다.

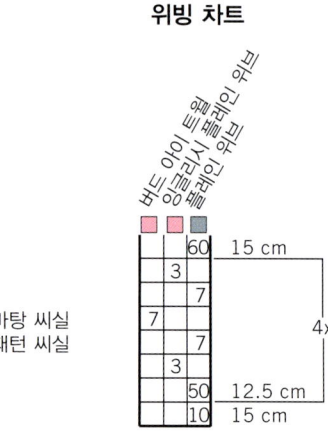

위빙 차트

트윌 패턴 순서

* 순서대로 리드를 조작하여 1단씩 위빙한다.(옮긴이)

잉글리시 플레인 위브 (패턴 씨실)

1. 앞쪽 리드 위
2. 뒤쪽 리드 아래
3. 앞쪽 리드위

버드 아이 트윌 (패턴 씨실)

1. 앞쪽 리드 위
2. 뒤쪽 리드 위
3. 앞쪽 리드 아래
4. 뒤쪽 리드 아래
5. 앞쪽 리드 아래
6. 뒤쪽 리드 위
7. 앞쪽 리드 위

리넨으로 위빙하기

인테리어 제품에서 리넨은 최고급 소재에 속한다. 높은 흡수력과 시원한 감촉, 특별한 드레이프성과 바삭함을 가지고 있기 때문이다. 게다가 리넨의 내구성과 광택은 대대로 물려줄 만한 좋은 품질의 식탁보와 커튼을 만든다.

리넨의 엄청난 강도는 약점이 되기도 한다. 인피 섬유인 아마로 만들어진 리넨은 식물의 강도과 안정성을 갖고 있다. 섬유의 길이가 굉장히 길고 안정적이라 탄성이 전혀 없는 실을 만든다. 이런 이유로 리넨 소재는 쉽게 주름지는 특성이 있다.

정경

리넨은 탄성이 전혀 없기 때문에, 위빙할 때 특정 문제를 유발한다. 탄성이 전혀 없는 만큼 강하고 일정한 장력을 필요로 한다는 것이다. 그래서 정경할 때 날실들을 전체적으로 다루어야 하며, 실을 감으며 실이 긁히지 않도록 주의해야 한다. 하지만 리지드 헤들룸은 다른 위빙룸에 비해 실 마찰이 적어, 좀 더 쉽게 리넨 위빙이 가능하다. 그리고 백 롤러를 감아 늘어진 날실을 당길 때 전체적으로 강하고 일정한 장력을 주어야 한다. 날실이 제각각 당겨지지 않게 주의해야 한다. 리넨 실로 위빙할 때는 백 롤러에 실을 감을 때 종이 대신 정경 막대를 사용하는 것이 더 좋은 경우도 있다. 정경 막대는 백 롤러에 감기는 날실 층 사이에 자리한다. 종이는 실의 장력을 살짝 느슨하게 할 수 있으나 나무 막대는 그렇지 않다. 대부분의 다른 실들에서 잘 나타나지 않는 처짐 현상을 잡아 줄 것이다.

식시

리넨으로 위빙할 때는 식서에 좀 더 신경을 써야 한다. 날실이 너무 당겨지면 끊어질 수 있기 때문이다. 날실들이 적당한 장력을 유지하려면, 위빙 폭에 맞춰 씨실 각도를 알맞게 유지해야 한다. 5cm 정도 위빙 후엔 프런트 롤러를 감아 주고, 날실이 낮게 벌어지는 곳에서 위빙하도록 한다. 식서에 무게를 더하는 것도 좋은 방법이다. 템플을 사용하면 플레인 위브와 패턴 부분의 폭을 일정하게 유지시키는 데 많은 도움이 된다.(2장 참고)

날실이 처지거나 실들이 개별적으로 늘어질 수 있다. 이때 S자 후크를 써서 늘어진 날실에 무게를 더해 주면 문제를 해결할 수 있다. 날실 뒤에 여러 개의 후크를 달아야 하는 경우도 종종 있다.

리넨을 위빙룸에서 바로 뗐을 때, 직물이 제대로 완성되지 않은 것처럼 보일 수 있다. 특히 2개의 리드를 사용했을 때 더욱 그렇다. 이를 리지드 헤들 마크 혹은 리드 마크라고 부른다. 리넨은 전혀 탄성이 없어 3가닥의 실들이 앞쪽 리드의 사이 칸을 통과하며 같이 뭉쳐져 이런 현상이 생긴다.

마무리

리넨은 세탁 전후가 완전히 다르다. 리넨의 섬유 특성상 거친 마무리가 알맞아, 일반 세제를 넣고 세탁기의 일반 코스로 세탁해도 된다. 추가적 자극이 더해지면 섬유 조직이 좀 더 균일해진다. 그래서 어떤 사람들은 일반 타월은 물론 테니스 슈즈까지도 함께 넣어 세탁한다. 그리고 모든 것들을 함께 탈수하는데, 리넨 직물은 물기를 머금은 상태에서 꺼낸다. 뜨거운 열로 다림질하면 실의 광택이 살아난다.

리넨으로 처음 위빙할 때는 작은 소품으로 시작하고, 나중에 좀 더 큰 사이즈로 넓혀 가는 것이 좋다. 혹은 코튼 리넨 혼방사처럼 좀 더 저렴하고 탄성이 있는 혼방사를 사용하는 것도 좋다.

단 처리

9. 완성한 천을 위빙룸에서 떼어 낸다. 꼬리 실들은 5cm 길이로 자르고 술은 1.3cm로 자른다.

10. 위빙할 때 보던 직물의 앞면이 제품의 앞면이 된다. 직물을 뒤집어 뒷면에서 직물 끝을 씨실 몇 단 위로 올라오도록 접는다. 그리고 다시 1.3cm 접어 술을 숨기고 다림질한다. 솔기를 핀으로 고정하고 바느질한다. 비슷한 컬러의 실로 재봉틀로 박음질하거나 접힌 부분에 감침질한다.

마무리

11. 일반 세제를 넣고 세탁기 가장 약한 코스로 온수 세탁한다. 이때 일반 타월을 같이 넣고 세탁하면 자극이 더해져 섬유 조직이 균일해진다. 약하게 탈수하여 물기가 있는 상태로 세탁기에서 꺼낸다.

12. 그리고 바로 뜨거운 열로 다림질하면 리넨 본연의 광택이 나온다. 남아 있는 꼬리 실들은 바짝 자른다.

리넨&레이스 카페 커튼

리넨을 통과해 흐르는 빛은 매혹적이다. 좁은 패널로 만든 카페 커튼은 다양한 방법으로 마무리할 수 있다. 레이스 느낌의 커튼은 어떤 방에도 밝은 분위기를 낸다. 커튼 전체에 패턴을 넣거나, 플레인 위브에 가장자리만 레이스를 둘러도 좋다. 이번 패턴을 참고해 리지드 헤들룸으로 위빙한다면 창의 크기와 관계없이 다양한, 창의적 디자인의 커튼을 만들 수 있다.

위빙 계획

완성 사이즈
4개의 패널 각각 35.5×84cm, 커튼 고정 부분 7.5cm, 술 5cm

직물 구조
허니컴

도구
1) 리지드 헤들룸: 15인치(38cm), 10dpi 리드
2) 셔틀 2개, 40.5cm 픽업 스틱, 40.5cm 헤들 막대, 13개 실 헤들

준비물
바느질용 실과 바늘, 로터리 커터와 커팅 매트, 여유 실, 커튼 그로멧 또는 커튼 클립(선택 사항)

씨실 날실 준비

날실 밀도
10

위빙 폭
38cm

씨실 단 수
10

날실 길이
5m(96.5cm의 여유분 포함)

날실 엔드 수
149

정경 방법
정경대 사용

실 정보

날실
4합 DK 비스코스 리넨 혼방(1,288m/lb): 인디고 807m

씨실
4합 DK 비스코스 리넨 혼방: 하늘색 775m

정경

1. 위빙 계획을 참고해 정경한다. 양쪽 식서 날실들은 헤들 구멍에 꿴다.(8장의 알맞은 정경 방식 선택 방법, 긴 날실 정경 방법 참고)

헤들 막대와 픽업 스틱

먼저 헤들 막대에 실을 꿴다. 그리고 픽업 스틱을 준비한다.(2장 헤들 막대 만드는 법 참고)

헤들 막대

2. 리드를 아래로 내린다. 리드 뒷쪽에서 사이 칸에 꿰인 실들을 다음과 같은 방식으로 들어 픽업 스틱을 끼운다. 1엔드 들고, [3엔드 내리고 3엔드 올리기×12], 1엔드 내린다.

3. 리드를 중립에 두고, 픽업 스틱을 돌려 세운다. 그리고 픽업 스틱 위에 올라간 실들을 헤들 막대로 옮긴다. 동시에 올라오는 3엔드들은 같이, 따로 올라오는 1엔드들은 각각 실 헤들로 감싸 헤들 막대에 끼운다. 끼워 두었던 픽업 스틱은 뺀다.

픽업 스틱

4. 리드를 아래로 내린다. 리드 뒤에서, 필요한 날실들을 다음과 같이 든다. 4엔드 올리고, [3엔드 내리고 3엔드 올리기×11], 4엔드 올린다. 픽업 스틱은 리드 뒤에 자리해야 한다.

위빙

참고: 레이스 패턴 직물들을 위빙 후 이어붙일 경우, 패턴들을 일직선이 되게 하거나 이번 작업과 같이 패턴을 띄우는 계획을 미리 세워 둬야 이음새가 눈에 띄지 않는다.

그리고 일정한 힘으로 씨실을 내려야 패널 간 동일한 선상에 패턴이 생긴다. 하지만 너무 조바심 내지 않아도 된다. 완성 후 직물 전체를 보았을 때, 이음새 부분에서 패턴들이 조금 어긋나도 쉽게 눈에 띄지 않는다.

5. 각각의 커튼 패널들이 동일한 사이즈로 위빙되도록 주의한다. 패턴 85cm, 플레인 위브 16.5cm가 표시된 페이퍼 가이드를 이용해 같은 사이즈를 유지한다. 날실을 감을 때 페이퍼 가이드도 옮기고 다시 핀으로 고정한다.

각각의 패널들은 아래에서 위로 위빙되며 허니컴 패턴으로 시작해 플레인 위브로 끝낸다.

6. 셔틀 1개에 씨실을 감고 다른 하나에 여유 실을 감는다.

7. 여유 실로 2.5cm 헤더를 위빙해 날실들을 고르게 편다. 헤더는 날실들이 제자리를 찾도록 도와주며, 마무리 매듭을 지을 때까지 움직이지 않게 날실들을 잡아 준다.

8. 2개의 패널을 연이어 위빙하되, 사이에 10cm 정도를 위빙하지 않은 날실 상태로 띄운다.
리드를 위로 올리고 시작해, 플레인 위브 2단을 짠다.
57쪽 A패널 패턴을 따라 허니컴 패턴을 85cm 위빙한다.(2장 날실 씨실 띄우기 참고)

9. 플레인 위브를 16.5cm 짠다.

10. 패널들을 잇는 동안 씨실이 고정되도록 헴 스티치로 마무리한다.

11. 동일한 방법으로 2개의 패널을 더 위빙하는데, 플레인 위브 2단을 위빙하고 그 전과 반대 순서로 픽업 스틱과 헤들 막대를 든다. 이렇게 해야 이음새 부분에 패턴이 들어가지 않는다. 57쪽 B패널 패턴을 따라 위빙하되, 패널 사이에 10cm 정도를 위빙하지 않은 날실 상태로 띄운다.

12. 플레인 위브로 16.5cm 짜고 헴 스티치로 마무리한다.

마무리

13. 완성한 천을 위빙룸에서 떼어 낸다. 패널 사이도 자르되, 술은 짧게 자르지 않는다. 모든 꼬리 실들은 5cm 길이로 자른다. 플레인 위브 쪽 헴 스

티치 위 날실들을 6mm 길이로 자른다.

패널 잇기

14 2개의 패널을 잇기 위해, 평평한 바닥에 A패널 옆에 B패널을 나란히 둔다. 플레인 위브로 짠 부분이 일직선으로 놓이도록 하고, 이음새 부분에는 패턴이 오지 않도록 한다.

참고: 두 패널이 맞게끔 조정하는 것은 커튼 위보다 아랫부분에서 작업하는 것이 좀 더 쉽다. 두 패널의 아랫부분이 잘 맞지 않는다면, 씨실 몇 단을 제거해 조절한다. 예를 들어 한 패널에 다른 쪽보다 패턴이 한 번 더 반복되었다면, 반복된 부분의 씨실을 뺀다. 다른 쪽 패널의 플레인 위브 부분 씨실을 빼내 두 패널의 아랫부분이 동일 선상에 오게끔 조절하는 경우도 있다. 커튼 아랫부분이 약간 일정하지 않을 수도 있지만, 이 또한 리넨 커튼의 매력이 될 수 있다.

15 '공그르기'로 2개의 패널을 잇는다(9장 참고). 패턴 단이 맞지 않는 부분이 신경 쓰일 수 있다. 하지만 커튼의 전체 길이를 맞추는 것이 패턴을 맞추다 잔주름 생기는 것보다 낫다. 이음새가 안 보이는 것과 제품이 아름답게 보이는 것과는 큰 관계가 없다.

16 14, 15단계를 반복하여 나머지 두 패널도 연결한다.

A 패널 패턴

1 리드 위
2 픽업 스틱 들기
3 리드 위
4 픽업 스틱
5 리드 위
6 헤들 막대 들기
7 리드 위
8 헤들 막대 들기

B 패널 패턴

1 리드 위
2 헤들 막대 들기
3 리드 위
4 헤들 막대 들기
5 리드 위
6 픽업 스틱 들기
7 리드 위
8 픽업 스틱 들기

참고: 패턴이 뒤집혀 짜여, 씨실이 뜨는 곳이 위쪽에 나타난다. 이 패턴 조직은 쉽게 헤들 막대를 조정할 수 있고 매번 날실을 각각 들어야 하는 번거로움을 없애 준다.

커튼 고정 부분 만들기

17 연결된 2개 패널을 위아래 맞춰 자리한다. 처음 위빙한 부분이 커튼 아랫부분이 된다. 커튼 위쪽 끝을 술 아래 씨실 2단 위로 접는다.

18 접은 부분을 손으로 누르거나, 낮은 온도로 살짝 다림질한다. 한 번 더 접어 플레인 위브 마지막 씨실과 접힌 부분이 맞닿게 해 커튼 위쪽 술을 숨기면서 7.5cm 튜브를 만든다. 바느질을 위해 솔기를 핀으로 고정한다. 비슷한 컬러의 실을 이용해 접힌 부분을 감침질한다.

술 매듭

19 직물 패턴의 타원형을 모방한 매듭을 만든다. 헤더를 제거하고, 날실 2개씩 오버핸드 매듭으로 묶는다. 2가닥의 날실을 1올로 여겨, 마크라메 매듭을 2단 만든다. 그리고 엇갈린 오버핸드 매듭으로 마무리한다.(9장 매듭 방법 참고)

세탁

20 미온수로 욕조를 채우고 1/8컵의 헹굼이 필요 없는 세제를 더한다. 세제가 섞이도록 물을 잘 젓고, 패널들을 욕조에 잘 펴서 집어 넣는다. 패널 하나 위에 다른 하나를 올린다. 1시간 정도 둔다.

21 패널들을 물 밖으로 부드럽게 들어 올린다. 손으로 패널들을 말아 눌러 물기를 제거한다. 깨끗한 타월 위에 평평히 놓아 말린다.

22 남아 있는 꼬리 실들은 바짝 자른다. 로터리 커터와 커팅 매트를 이용해 원하는 길이로 술을 자른다.

리넨&레이스 커튼 달기

창문은 손으로 짠 직물을 보여 주기에 완벽한 공간이다. 커튼은 다양한 방법으로 달 수 있다. 커튼 봉을 패널 위쪽 튜브에 끼워 걸 수 있는데(사진 1), 커튼 그로멧을 더하면 커튼 봉 위에서 쉽게 밀 수 있다(사진 2).

개인적으로 그로멧 구멍을 잘라 내고 그 주위에 올 풀림 방지액을 바르는 것을 추천한다.

또는 커튼 봉에 매달 수 있는 커튼 클립을 사용할 수도 있다(사진 3).

이와 같은 방법들을 이용해 손으로 짠 커튼을 창문이나 벽에 멋지게 걸 수 있다.

5장

다이닝룸

핸드메이드 제품으로 한껏 꾸민 식탁은 화려한 정찬의 느낌을 낸다. 핸드 위빙으로 완성된 아름다운 제품들로 식탁을 채우면 일상적인 식사 시간이 특별한 순간으로 바뀐다. 식탁을 일하는 공간으로 쓰는 경우, 사용하는 기기에 어울리는 제품을 만들 수도 있다. 이번 장의 매트, 테이블 러너, 냅킨 등을 이용하면 식탁은 더 이상 식사 시간에만 이용하는 공간이 아니라 사람들이 오래 머무는 공간으로 탈바꿈할 수 있다.

헴프 찻주전자 받침

전통적이지 않은 재료는 간단한 작업을 통해 실험해 보는 것이 좋다. 쉽게 구입할 수 있는 두꺼운 노끈이나 밧줄로 몇몇 '픽업 패턴'을 시도해 보자. 아침식사부터 티타임까지 두루 쓸 수 있는, 새로운 찻주전자 받침을 만들 수 있다.

위빙 계획

완성 사이즈
2개의 받침 각각 17.8×17.8cm, 술 2.5cm

직물 구조
픽업 레이스, 허니컴

도구
1) 리지드 헤들룸: 9인치(23cm), 5dpi 리드
2) 스틱 셔틀 1개, 25.5cm 픽업 스틱

준비물
돗바늘, 여유 실(선택 사항)

씨실 날실 준비

날실 밀도
5

위빙 폭
21.5cm

씨실 단 수
6

날실 길이
102cm(58cm의 여유분 포함)

날실 엔드 수
41

정경 방법
직접 정경

실 정보

날실
헴프 노끈(366m/lb): 황갈색 42m

씨실
헴프 노끈(366m/lb): 황갈색 23m

정경

1. 위빙 계획을 참고해 정경한다.

참고: 헴프 노끈과 같이 두껍고 뻣뻣한 실은 위빙룸 프런트 스틱에서 풀리기 쉽다.

날실 끝을 단단히 묶어야 날실이 잘 고정된다. 양쪽 식서 실들은 헤들의 사이 칸에 꿰야 픽업 패턴이 균형있게 짜인다.

위빙

2. 씨실을 셔틀에 감는다.

받침 1

참고: 헤더 위빙이 필요하지 않은 몇 안 되는 작업 중 하나이다. 두꺼운 날실은 쉽게 일정하게 잘 펼쳐진다. 헤더를 이용해 날실을 펴는 것을 선호한다면 워스티드 웨이트 굵기의 여유 실로 몇 단 짠다.

3. 픽업 스틱 A 끼우기: 리드를 아래쪽으로 내린다. 사이 칸에 꿰인 실을 든다. 3엔드 내리고/3엔드 올리는 것을 3번 반복하고, 마지막 3엔드는 내리며 픽업 스틱 A를 끼운다.

4. 리드를 아래로 내린 상태에서 위빙 폭의 6배로 꼬리 실을 남기고, 플레인 위브 2단을 짠다.

5. 65쪽 '받침 1' 패턴을 1회 위빙한다.

6. 꼬리 실을 돗바늘에 꿰어, 날실 2엔드, 씨실 2단 잡는 헴 스티치 1단을 완성한다(9장 참고). 마지막 날실 3엔드는 먼저 날실 1엔드, 씨실 2단 스티치하고, 나머지 날실 2엔드, 씨실 2단 스티치한다. 홀수 날실을 헴 스티치로 고정할 때는 이런 방법으로 마무리할 수 있다.

크고 뻣뻣한 노끈을 제자리로 밀기가 어려울 수 있다. 동일한 숫자의 씨실 위빙 후, 일정한 힘으로 씨실을 밀도록 한다. 레이스 패턴 위빙은 직물을 위빙룸에서 떼어 세탁한 후에야 실들이 제자리를 찾는다.

7. 받침 1 패턴을 5회 반복한다.

8. 마지막에 플레인 위브 1단을 짜고 헴 스티치 1단으로 마무리한다.

받침 2

9. 술을 만들기 위해 두 받침 사이에 7.5cm 날실을 띄운다. 리드를 아래로 내리고 시작해 플레인 위브 2단을 짠다. 헴 스티치를 위해 꼬리 실을 남겨둔다.

10. 픽업 스틱 A를 사용해 65쪽 '받침 2' 패턴을 1회 위빙한다. 그리고 '받침 1'과 같은 방식으로 헴 스티치로 위빙 시작 부분을 고정한다.

11. 픽업 스틱 B 끼우기: 받침 1 픽업 스틱 A 순서의 반대로 픽업 스틱을 넣는다. 3엔드 올리고/3엔드 내리고를 반복한 뒤, 마지막 3엔드 위로 올리며 픽업 스틱 B를 끼운다.

12. 픽업 스틱 B를 이용해 패턴 위빙을 1번 한다.

13. 10-12단계를 4회 반복한다. 픽업 스틱 A와 픽업 스틱 B를 교대로 쓴다.

14. 받침 2 패턴의 마지막 단계는 픽업 스틱 A를 써서 위빙한다.

15. 리드 아래-위-아래 순서로 플레인 위브 3단을 짜고 헴 스티치 1단으로 마무리한다.

마무리

16 완성된 천을 위빙룸에서 떼어 낸다. 2개의 받침 사이에 연결된 날실도 자른다. 술은 2.5cm로 자른다.

17 두 개의 받침이 충분히 잠길 만큼의 온수를 준비한다. 받침들을 1시간 이상 담가 둔다.

18 물기를 제거하기 위해 받침들을 물 밖으로 꺼내서 잠시동안 들고 있는다. 마른 타월 위에 받침들을 얹고 햇볕에 말린다. 햇볕에 말리면 노끈 특유의 냄새를 없앨 수 있다.

받침 1 패턴

1 리드 아래
2 리드 위, 픽업 스틱 들기
3 리드 아래
4 리드 위, 픽업 스틱 들기
5 리드 아래
6 리드 위

받침 2 패턴

1 리드 아래
2 리드 위, 픽업 스틱 들기
3 리드 아래
4 리드 위, 픽업 스틱 들기

칸 띄우기 식탁 매트

샘플링의 우연한 실수가 이 패턴을 이끌어 냈다. 샘플링의 장점이다. 종종 리지드 헤들의 사이 칸을 건너 뛰어 날실을 꿰면, 씨실이 숨고 날실이 주로 보이는 패턴의 식탁 매트를 픽업 스틱 없이 만들 수 있다. 굵고 가는 실들을 번갈아 사용하고 단단하게 짜면, 질감있는 식탁 매트가 완성된다. 이 작업은 리지드 헤들룸을 이용해 다양한 컬러를 시도하는 사람에게 좋다.

위빙 계획

완성 사이즈
2개의 매트 각각 36×51cm

직물 구조
빽빽하게 짜이고 공간이 띄워진 플레인 위브

도구
1) 리지드 헤들룸: 16인치(40.5cm), 12dpi 리드
2) 30.5cm 스틱 셔틀이나 보트 셔틀, 45.5cm 스틱 셔틀, 태피스트리 빗

준비물
바느질용 실과 바늘, 직선 핀, 돗바늘, 여유 실, 7.5cm S자 후크 2개(선택 사항)

씨실 날실 준비

날실 밀도
12(날실 차트에 표시된 대로 사이 칸을 띄우고, 2가닥의 날실을 각각의 헤들 구멍과 사이 칸에 꿴다.)

위빙 폭
38cm

씨실 단 수
8

날실 길이
198m(61cm의 여유분 포함)

날실 엔드 수
169(2가닥의 실을 1엔드로 사용하기 때문에 총 실 가닥수는 338)

정경 방법
정경대 사용

실 정보

날실
3/2 실켓 가공 코튼(1,152m/lb): 비취색, 회천색 각 155m, 청록색, 옥색 각 202m

씨실
3/2 실켓 가공 코튼: 적갈색 233m, 산호색 123m

정경

1. 정경대를 이용해 정경한다(자주 컬러가 바뀌는 패턴에서는 정경대를 이용해 정경하는 것이 가장 편리하다.). 날실 차트를 참고하여 91쌍의 비취색과 회청색 실과 78쌍의 청록색과 옥색 실들을 정경한다. 양쪽 식서 날실들은 헤들 구멍에 꿴다. 헤들 구멍에는 비취색과 회청색 실들이 같이 꿰인다. 그리고 청록색와 옥색 실들은 헤들 사이 칸에 꿴다. 날실 차트에 나온대로, 사이 칸을 띄운다.

참고: 양쪽 식서 실은 둘 다 헤들 구멍에 꿰인다.

위빙

참고: 이 패턴은 뒤집혀 짜이기 때문에, 띄어진 사이 칸으로 인해 생기는 적갈색 스트라이프는 직물 앞면에서는 보이지 않는다. 직물 뒷면에서만 보인다.

2. 적갈색과 산호색 실들을 각각 2가닥씩 잡아 총 4가닥을 큰 스틱 셔틀에 감는다(2장 더블 엔드 참고). 이것이 굵은 씨실이 된다. 두 번째 셔틀에는 1가닥의 적갈색 실을 감는다. 이것이 가는 씨실이 된다. 세 번째 셔틀에는 여유 실을 감아 5-7.5cm 헤더 위빙한다. 단단하게 여유 실을 밀어, 날실들이 고르게 펼쳐지게 한다. 그래야 직물의 튼튼한 기초가 된다.

3. 위빙 폭의 6배를 꼬리 실로 남기고, 가는 씨실로 4.5cm 위빙한다.

4. 꼬리 실을 돗바늘에 꿰어 자수 스티치로 직물 시작 부분을 고정한다.(9장 참고)

5. 가는 씨실 1단, 굵은 씨실 1단을 번갈아 가며 56cm 위빙한다. 매번 위빙할 때마다 씨실은 강하게 민다. 가끔 태피스트리 빗을 이용해 씨실을 누른다.(2장 참고)

참고: 띄운 사이 칸 쪽의 날실이 다른 날실들에 비해 장력이 살짝 약해질 수 있다. 이런 문제가 생기면 느슨해진 날실에 S자 후크를 걸어 무게를 더하면 된다. 매 날실마다 이런 문제가 일어나진 않겠지만, 후크는 넉넉하게 구비해 두는 것이 좋다. 위빙룸 뒤에서 느슨해진 실에 후크를 끼우고 백 롤러 쪽에 매달리게 둔다.

6. 가는 실로 4.5cm을 위빙하여 첫 번째 매트를 마무리한다. 직물 끝 쪽은 자수 스티치로 마무리한다.

7. 날실을 5cm 위빙하지 않은 상태로 띄운다. 첫 번째와 동일한 방법으로 두 번째 매트를 위빙한다.

마무리

8. 완성한 천을 위빙룸에서 떼어 낸다. 2개 매트 사이를 자르고, 술은 자수 스티치에서 6mm 자른다.

9. 직물 끝을 두 번 접어, 접힌 부분과 첫 번째 굵은 씨실 단이 만나게 한다. 비슷한 컬러의 실과 바늘을 이용해 감침질로 마무리한다.

10. 세탁기에서 일반 코스로 세탁하고, 약하게 탈수한다. 필요시, 스팀 다림질한다. 남아 있는 꼬리 실들은 바짝 자른다.

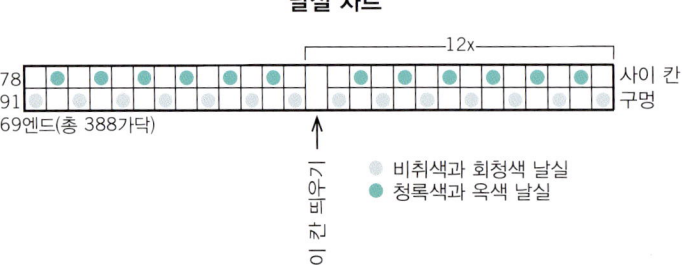

칸 띄우기 식탁 매트

트윌 테이블 러너

리지드 헤들룸에서는 두 가지 방법으로 트윌 패턴을 짤 수 있다. 첫 번째는 두 개의 리드를 이용하는 방법이고, 두 번째는 이번 작업처럼 위빙룸 앞쪽에서 패턴을 만드는 것이다. 리드 앞쪽에서 매번 필요한 실들을 따로 들면, 트윌은 물론 어떤 패턴도 짤 수 있다. 시각적 재미와 질감을 더할 수 있는 탁월한 방법이다. 트윌 패턴은 1단씩 짤 때마다 계단식 진행이 보여, 위빙 방식에 쉽게 익숙해질 수 있다. 이 작업에 쓰인 두 가지 종류의 트윌은 양면 사용이 가능한 패턴이다.

위빙 계획

완성 사이즈
29×96.5cm, 술 길이 2.5cm

직물 구조
트윌, 플레인 위브

도구
1) 리지드 헤들룸: 14인치(35.5cm), 8dpi 리드
2) 스틱 셔틀 3개, 40.5cm 픽업 스틱

준비물
돗바늘, 로터리 커터와 커팅 매트, 여유 실

씨실 날실 준비

날실 밀도
8

위빙 폭
35cm

씨실 단 수
플레인 위브 8, 트윌 9

날실 길이
163cm(61cm의 여유분 포함)

날실 엔드 수
106

정경 방법
직접 정경

실 정보

날실
2합 워스티드 웨이트 재생 코튼(915m/lb): 청록색 173m

씨실
4합 워스티드 웨이트 코튼 리넨 혼방(915m/lb): 옥색 112m, 연두색 25m

정경

1. 위빙 계획을 참고해 정경한다.

위빙

2. 첫 번째 셔틀은 바탕 날실인 옥색을, 두 번째는 패턴 날실인 연두색을 감는다. 그리고 세 번째 셔틀에는 여유 실을 감는다.
3. 여유 실로 2.5cm 헤더를 위빙해 날실들을 고르게 펼친다.(2장 참고)
4. 10cm의 꼬리 실을 남기고 바탕 씨실 1단을 위빙한다. 리드를 다음 위치로 바꾸고, 꼬리 실을 5cm 정도 날실 사이로 끼워 넣는다. 나머지 실 끝은 날실 밖으로 뺀다.
5. 2단 더 위빙한다. 위빙 차트와 트윌 패턴 설명을 참고하여 트윌 패턴을 시작한다. 연두색을 패턴 씨실로 사용한다.
6. 첫 트윌 패턴을 완성한 후, 연두색 실을 이용해 클로브 히치 매듭(9장 참고)으로 위빙 시작 부분을 고정한다.
7. 위빙 차트를 참고해 러너 중간을 플레인 위브로 짠다. 그리고 시작 부분과 동일한 방법으로 끝쪽 트윌 패턴 3개를 위빙한다.
   바탕 씨실로 플레인 위브 3단을 짠 뒤, 연두색으로 클로브 히치 매듭을 1단 지어 마무리한다.

마무리

8. 완성한 천을 위빙룸에서 떼어 낸다. 꼬리 실들은 5cm로 자른다.
9. 넓은 통에 미온수를 7.5cm 깊이로 받는다. 1/8컵의 중성 세제나 헹굼이 필요 없는 세제를 더한다. 러너를 물에 넣고 부드럽게 휘저어 뜬 실들이 제자리를 찾게 돕는다. 20분 정도 물에 담가 둔다.
10. 물기를 제거하기 위해 러너를 물 밖으로 꺼내서 잠시동안 들고 있는다. 타월에 말아 눌러 물기를 제거한다. 이때 비틀어 짜지 않게 주의한다. 깨끗하고 마른 타월 위에서 눕혀 건조시킨다.
11. 로터리 커터와 커팅 매트를 사용해 원하는 길이로 술을 자른다. 남아 있는 꼬리 실들은 바짝 자른다.

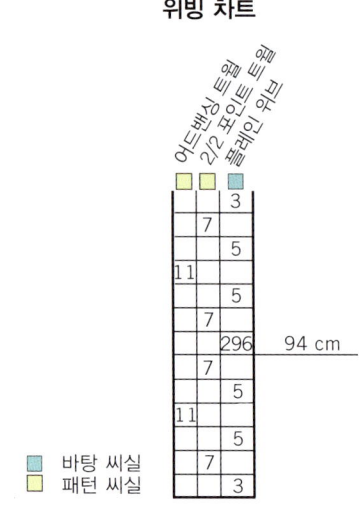

위빙 차트

리드 앞쪽에서 트윌 위빙

트윌 패턴은 계단식으로 쌓여, 대표적 특징인 대각선을 만든다. 트윌을 위빙할 때 매번 식서 실을 잡아 깔끔한 가장자리를 유지하도록 한다. 식서 부분의 패턴이 무너질 수도 있으나 전체 패턴에는 큰 영향을 주지 않는다.

픽업 스틱을 사용해 매 단마다 리드 앞에서 필요한 날실을 들어 준다. 트윌 패턴은 식서 실을 많이 당기는 경향이 있어, 씨실 각도를 넉넉하게 주도록 한다. 이때 템플을 사용하면 편리하다.(2장 참고)

바탕 씨실을 끝내고 패턴을 시작할 때 '실 가르기'나 '꼬리 실 집어넣기'(2장 참고)를 이용해 꼬리 실들을 마무리한다.

2/2 포인트 트윌

리드 앞에서 날실이 닫힌 상태에서, 오른쪽에서 왼쪽으로 짠다.

1단: [2엔드 위, 2엔드 아래]×26회, 1엔드 위, 1엔드 아래

2단: 1엔드 아래, [2엔드 위, 2엔드 아래]×26회, 1엔드 위

3단: [2엔드 아래, 2엔드 위]×26회, 1엔드 아래, 1엔드 위

4단: 1엔드 위, [2엔드 아래, 2엔드 위]×26회, 1엔드 아래

5단: 3단 반복

6단: 2단 반복

7단: 1단 반복

어드밴싱 트윌

오른쪽에서 왼쪽으로 진행한다.

1단: 1엔드 위, 1엔드 아래, [1엔드 위, 1엔드 아래, 3엔드 위, 3엔드 아래]×13회

2단: 1엔드 위, 2엔드 아래, [1엔드 위, 1엔드 아래, 3엔드 위, 3엔드 아래]×12회, 1엔드 위, 1엔드 아래, 3엔드 위, 1엔드 아래, 1엔드 위

3단: 1엔드 위, 3엔드 아래, [1엔드 위, 1엔드 아래, 3엔드 위, 3엔드 아래]×12회, 1엔드 위, 1엔드 아래, 3엔드 위, 1엔드 아래

4단: 1엔드 아래, 1엔드 위, 3엔드 아래, [1엔드 위, 1엔드 아래, 3엔드 위, 3엔드 아래]×12회, 1엔드 위, 1엔드 아래, 3엔드 위

5단: 3엔드 위, 3엔드 아래, [1엔드 위, 1엔드 아래, 3엔드 위, 3엔드 아래]×12회, 1엔드 위, 3엔드 아래

6단: 1엔드 아래, 3엔드 위, 3엔드 아래, [1엔드 위, 1엔드 아래, 3엔드 위, 3엔드 아래]×12회, 1엔드 위, 2엔드 아래

7단: [1엔드 위, 1엔드 아래, 3엔드 위, 3엔드 아래]×13회, 1엔드 위, 1엔드 아래

8단: 1엔드 아래, [1엔드 위, 1엔드 아래, 3엔드 위, 3엔드 아래]×13회, 1엔드 위

9단: 1단 반복

10단: 2단 반복

11단: 3단 반복

위빙 드래프트 읽는 법

드래프트는 위빙 패턴 도안으로, 플로어룸을 기준으로 만들어진다. 약간의 노하우만 있으면 기본 드래프트를 이용해 리지드 헤들룸의 차트를 만들 수 있다. 리드 앞에서 픽업 스틱을 이용해 짜는 픽업 패턴의 가이드가 될 수 있다.

드래프트 구성

트윌 테이블 러너에서 쓰인 2/2 포인트 트윌의 드래프트를 살펴보자. 모든 드래프트는 날실 순서, 샤프트 연결, 페달 밟는 순서라는 세 가지 요소로 구성된다.

'날실 순서'는 날실을 헤들에 꿰는 순서를 보여 준다. 예시의 드래프트는 4샤프트 위빙룸을 위한 것이라, 4단이 보인다. 각각의 숫자는 각각의 샤프트를 나타낸다. 리지드 헤들룸은 근본적으로 2샤프트 위빙룸이다.

4샤프트 위빙룸의 1샤프트와 2샤프트는 헤들 구멍(1)과 사이 칸(2)과 유사하다. 2개의 리드를 이용하면 좀 더 다양한 패턴이 가능해지나, 4샤프트와 동일한 방식은 아니다.(8장 2개의 리드와 4샤프트의 관계 참고)

'샤프트 연결'은 각각의 샤프트들이 플로어룸의 페달 혹은 테이블룸의 핸들과 어떤 순서로 연결되어 있는지를 보여 준다. 이것은 리지드 헤들룸의 리드 포지션과 비슷하다. 샤프트를 들어야 하는지, 내려야 하는지를 표시한다.

'페달 순서'는 특정 패턴을 만들기 위해 어떤 순서로 샤프트가 올라가고 내려가야 하는지를 보여 준다.

드래프트의 네 번째 구성 요소는 '패턴 조직'으로, 패턴이 어떤 구조로 완성되는지를 보여 준다. 일반적으로 날실 순서의 아래, 페달 순서의 왼편에 자리한다.

드래프트를 요소별로 분리해 읽기 쉬운 차트를 만들어 낼 수 있다. 모눈종이에 그리거나 드래프트를 복사하여 날실 순서 아래 빈 공간에 선을 따라 그려도 된다.

패턴 조직 그리기

패턴 조직은 각각의 페달 순서를 한 라인씩 그려내야 한다. 예시에는 칸 안에 O로 표시되어 있다. 가장 위에 있는 첫 번째 페달 순서부터 표시된 열을 따라 샤프트 연결까지 올라간다. 샤프트 연결은 X로 표시되어 있다. X가 표시된 단을 따라 왼쪽으로 이동하면 어떤 샤프트가 페달/핸들과 연결됐는지 알 수 있다. 날실 순서에 표시된 칸을 따라 아래로 이동해 해당하는 페달 순서와 같은 단에 있는 칸을 색칠한다. 예시에서 화살표로 표시되어 있다.

첫 번째, 두 번째 샤프트가 첫 번째 페달 순서에 같이 연결되어 있어, 두 단에 해당하는 칸들을 같이 색칠해 준다.

모든 페달 순서를 다 끝낼 때까지 한 단 한 단 맞는 위치를 찾아 색칠한다. 완성하고 나면 패턴 조직이 실제 직물이 위빙되었을 때의 패턴을 보여 준다.

이 차트의 가로 단은 날실, 세로 열은 씨실 위빙 순서를 보여 준다. 픽업 스틱은 리드의 앞쪽에서 사용하고, 차트를 위에서 아래로 읽어 내려 가며 색칠된 칸에 해당하는 날실들을 픽업 스틱을 이용해 들어 준다. 색칠되지 않은 부분에 해당하는 날실들은 픽업 스틱이 그 위로 지나가게 한다.

예시 차트는 2번 반복되는 패턴을 보여 준다. 어떻게 패턴이 계속해서 만들어져 나가는지를 보여 줘, 많은 도움이 된다. 같은 패턴을 날실 한쪽 끝에서 다른 쪽 끝까지 계속 반복해서 만든다.

예시와 다른 형태의 드래프트도 있다. 배치가 다르거나 다른 기호로 표시되어 있다고 해도 똑같은 3요소를 가지고 있을 것이다. 또한 모든 드래프트가 페달을 밟으면 샤프트가 올라감을 표시하고 있진 않다. 가끔은 내려가는 경우도 있다. 드래프트에서 보인 패턴과 위빙한 직물이 다른 모습이라면, 직물의 뒷면에 원하는 패턴이 나와 있을 것이다.

드래프트 읽는 방법을 배우고 나면 어떤 위빙 드래프트도 이용할 수 있다. 이번에 익힌 드래프트 읽는 방법을 이용하여 드래프트와 위빙 패턴들을 모아 놓은 다양한 책들을 활용해 보자.

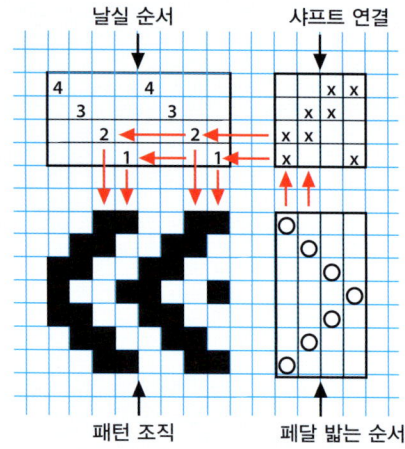

2/2 포인트 트윌 패턴 드래프트

트윌 테이블 러너

프린지 냅킨

이 냅킨은 사방이 술로 마무리되어, 위빙할 때 식서에 신경을 쓰지 않아도 된다. 게다가 가는 실을 빽빽한 날실 밀도로 위빙하여 촘촘한 조직을 보인다. 빽빽한 날실 밀도로 인해 견고한 스트라이프가 보이는 경부 직물 느낌으로 완성된다. '더블 헤들 블록'이 없다면, 하나의 리드에 2배의 실을 꿰어 간편하게 살짝 컬러가 달라 보이는 효과를 얻을 수 있다.

위빙 계획

완성 사이즈
4개의 냅킨 각각 35.5×33cm, 사방 술 길이 6mm

직물 구조
날실이 강조된 플레인 위브

도구
1) 리지드 헤들룸: 16인치(40.5cm), 12dpi 리드 2개
2) 보트 셔틀 2개, 보빈 5개, 재봉틀

준비물
로터리 커터와 커팅 매트, 재봉실, 여유 실

씨실 날실 준비

날실 밀도
24

위빙 폭
40cm

씨실 단 수
14

날실 길이
266cm(81.5cm의 여유분 포함)

날실 엔드 수
376

정경 방법
2개 리드 직접 정경

실 정보

날실
22/2 코튼 리넨 혼방(2,968m/lb): 파란색 208m, 연두색 245m, 연녹색 144m, 노란색 254m

씨실
22/2 코튼 리넨 혼방: 파란색, 연두색, 연녹색, 노란색 각각 87m

정경

1. 위빙 계획과 날실 차트를 참고하여 정경한다.

위빙

참고: 각각의 냅킨은 다른 컬러의 씨실로 짜인다. 이런 컬러 변화는 옆쪽 술들도 다른 컬러를 갖게 한다.

2. 네 가지 씨실 컬러를 각각의 보빈에 감고, 1개 스틱 셔틀이나 보빈에 여유 실을 감는다.

참고: 가는 실로 위빙할 때는 보트 셔틀을 추천한다. 얇고 촘촘한 날실 사이를 매끄럽게 빠져나올 수 있고, 실 컬러를 바꾸기도 편리하기 때문이다. 보트 셔틀을 갖고 있지 않다면 스틱 셔틀을 사용해도 된다.

3. 여유 실로 2.5cm 헤더를 위빙해 날실들을 고르게 펼친다. (2장 참고)
4. 씨실 컬러를 정하고 36cm 위빙해 첫 번째 냅킨을 완성한다.
5. 냅킨 사이를 여유 실로 7.5cm 위빙한다.
6. 각각 냅킨에 다른 컬러를 사용하고, 3-5 단계를 반복해 냅킨 3개를 더 만든다.

참고: 날실 3엔드는 합쳐 보이고, 1엔드만 따로 떨어져 있어 보일 것이다. 이 특징은 '리드 마크' 라고 불리며 2개 리드 사이의 공간이 원인이다. 하지만, 걱정할 필요 없다. 물세탁 후에 실들이 원래 자리를 찾을 것이다.

7. 재봉틀 장력을 시험해 보기 위해 날실 끝에 작게 테스트 직물을 위빙한다.

마무리

8. 완성된 천을 위빙룸에서 떼어 낸다. 냅킨 사이 여유 실을 정확히 반으로 잘라, 냅킨들도 분리시킨다.
9. 재봉틀에서 가장 좁은 바늘땀으로 직선 박기 한다. 테스트 직물을 이용해 재봉틀의 장력을 알맞게 조절한다. 냅킨의 4면을 모두 박는다. 직물의 가장자리에서 6mm 들어온 지점에 재봉한다.
10. 약한 코스로 세탁기에서 세탁한다. 약하게 탈수해 물기가 있는 상태로 세탁기에서 뺀다.
11. 냅킨을 손으로 눌러 평평하게 펴고, 눕혀서 완전히 건조시킨다.
12. 로터리 커터와 커팅 매트를 이용해 냅킨 사방의 술을 6mm 길이로 자르고, 아직 엮여 있는 날실과 씨실을 뺀다.

위빙 차트

112	56		56		■ 노란색
64		32		32	■ 연녹색
92	28	16	16	16 16	■ 파란색
108	32		32	44	■ 연두색

376 엔드

배치와 컬러

위빙은 다양한 변화가 가능한 기법이다. 그리드 안에 그려진 패턴만 가능한 것 같아 보이지만, 그 안에 다양한 패턴의 가능성이 숨어 있다. 스트라이프, 블록이나 체크 패턴을 계획할 때, 간단한 두 가지 디자인 원칙을 활용해 패턴의 배치를 결정하면 좋다. 수학적이고 자연적인 법칙을 바탕에 두고 있는 디자인 원칙들로, 대칭적인 디자인을 뛰어 넘을 수 있게 돕는다.

날실을 동일하게 나누기보다는 다른 사이즈의 스트라이프와 블록들을 믹스 매치해 좀 더 복잡한 디자인을 만들어 낼 수 있다. 피보나치 수열과 황금 비율을 이용하면 보기 좋은 스트라이프와 블록을 만들 수 있다.

피보나치 수열

이 수열은 나뭇가지 같은 다른 자연 현상들에서도 볼 수 있다. 피보나치 수열은 계산이 쉽고, 조화롭게 보이게 만든다.

0+1=1, 1+1=2로 시작해 1+2=3으로 이어지며 같은 방식으로 계속된다. 맨 앞의 숫자를 뺀, 두 진행 숫자를 더해 다음 수를 (0, 1, 1, 2, 3, 5, 8, 13, 21, 34…) 순서대로 얻는다.

이 수열을 이용하면 원하는 디자인에 맞게 스트라이프의 사이즈가 믹스 매치되면서 조화롭게 보인다.

황금 비율

황금 비율은 측정 단위, 예를 들어 날실 폭의 작은 유닛이 큰 유닛에 포함되고, 큰 유닛이 다시 전체 사이즈에 포함되도록 나누는 방식이다.

이 황금 비율은 예시 그림과 같다. 이 비율을 보여 주기 위해서는 '1.618'이라는 특정 숫자가 필요하다. 1은 전체, 0.618은 디자인의 비대칭 지점이다.

비대칭 스트라이프를 가진 38cm의 타월을 만들고 싶다고 가정해 보자. 38×0.618= 23.484로 23.5cm의 큰 블록을 만든다. 약간의 차이는 눈에 띄지 않는다. 그리고 14.5cm의 작은 스트라이프를 만든다.

식탁 매트, 타월, 테이블 러너와 같은 인테리어 소품을 맞춤 사이즈로 제작할 때 황금 비율을 이용하면 좋다. 이때 타월이나 냅킨과 같은 직물은 욕실 선반이나 테이블 위에서 종종 접힌다는 점을 염두에 둘 필요가 있다. 직물이 접히면, 펼쳤을 때와 다른 비율로 보인다. 펼쳤을 때 조화로운 비율이라도 직물이 접히면 보이는 비율이 달라지기 때문에, 덜 조화로워 보일 수 있다.

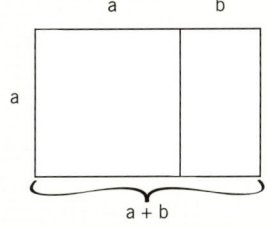

컬러 선택

컬러 선택은 위빙 작업에서 가장 즐겁고도 어려운 부분이다. 색채학 관련 서적을 읽는 것이 도움이 될 수도 있지만, 굳이 많은 지식이 필요하진 않다. 컬러에 관해 많이 알지 못한다 해도 컬러를 고르는 일은 충분히 즐거울 수 있다. 사진, 그림 혹은 광고에서 보이는 흥미로운 조합들을 이용해 컬러들을 고르는 방법도 있다.

간단한 검색으로도 어마어마한 양의 흥미로운 컬러 조합들을 찾아 볼 수 있다. 예를 들어 구글 같은 검색 엔진에서 '그린 컬러 파레트'라고 치면 다양한 컬러 조합들이 검색된다. 찾은 이미지에 가장 잘 맞는 컬러의 실을 고르고, 그중 몇몇을 날실로 사용한다. 2.5cm 흰색 판지 위에 날실로 정경했을 때와 비슷한 비율로 실들을 감는다. 그리고 씨실들을 그 위에 올려, 교차되었을 때 모습을 가늠한다.

하지만 이 방법은 완성되었을 때의 컬러나 실들이 교차된 느낌을 보여 주진 않는다. 손뜨개나 크로셰, 바느질과 마찬가지로, 위빙도 실들이 바로 옆에 차례대로 정렬되지 않기 때문이다. 다른 실들과 함께 짜기 때문에 실의 종류, 날실 씨실의 비율 등에 따라 다른 느낌으로 완성된다. 광택있는 실크는 울과는 다른 방식으로 컬러를 반사하기도 하고, 물세탁 되는 동안 컬러가 변하기도 한다. 이런 컬러의 변화를 간단하게 테스트해 보는 방법은, 완성된 직물과 비슷한 비율로 실을 꼬아 보는 것이다.

사실 가장 좋은 방법은 샘플링이다. 직물을 짜고 나서 생각했던 컬러 조합이 아니라 당황하는 것을 피하고, 나의 아이디어가 어떻게 구현되는지를 볼 수 있다. 샘플링을 통해 리스크를 줄일 수 있다. 날실을 길게 셋업하고 나서야 내가 선택한 실들이 생각한 대로 짜이지 않는다는 것을 확인하는 것보다 낫다. 위빙 작업 전에 시간을 들여 샘플을 짜면 실 낭비를 줄일 수 있다.

사진이 컬러 조합에 대한 영감을 줄 수 있다.

우아한 리넨 식탁 매트

리넨이라는 재료를 기존의 틀에서 벗어나 생각해 보자. 전통적이지 않는 혼합, 예를 들어 이번 작업에서는 실크 리넨 혼방사를 사용해 사랑스러운 식탁 매트를 완성한다. 실크는 생각보다 내구성이 좋고 단단하다. 실크 리넨 실은 원래 뜨개를 위해 구성되어 부드럽게 꼬여 있다. 이 실을 단독으로 사용하면 굉장히 유연한 천을 만들 수 있다. 좀 더 무게감 있게 만들고 싶다면 코튼 리넨 혼방, 실켓 가공 코튼, 혹은 러그용 날실 등 단단한 꼬임을 가진 실들과 합쳐 쓰면 된다. 좀 더 뻣뻣해지면서 컬러감도 깊어진다. 이번 작업은 작은 '브룩스 부케' 패턴을 사용해 통통한 실 위로 도톰한 질감을 가진 매트들을 완성한다.

위빙 계획

완성 사이즈
2개의 매트 각각 31.5×43.5cm

직물 구조
브룩스 부케, 플레인 위브

도구
1) 리지드 헤들룸: 15인치(38cm), 10dpi 리드
2) 스틱 셔틀 3개

준비물
바느질용 실과 바늘, 직선 핀, 돗바늘, 여유 실

씨실 날실 준비

날실 밀도
10(사이 칸과 구멍마다 굵은 실 1, 가는 실 1가닥을 같이 뀀)

위빙 폭
37cm

씨실 단 수
플레인 위브 9, 패턴 6

날실 길이
160cm(56cm의 여유분 포함)

날실 엔드 수
145(굵은 실 145, 가는 실 145의 각 1가닥씩 합쳐서 1엔드로 쓰여, 총 실 가닥 수는 290가닥)

정경 방법
직접 정경

실 정보

날실
실크 리넨 혼방(1,045m/lb): 연녹색 232m

22/2 코튼 리넨 혼방(2,968m/lb): 연녹색 232m

씨실
실크 리넨 혼방: 연녹색 46m

22/2 코튼 리넨 혼방: 연녹색 8m

정경

1. 위빙 계획을 참고하여 굵은 실 1, 가는 실 1가닥씩 합쳐 1엔드로 계산한다.

위빙

2. 1개 셔틀에 실크 리넨 혼방사를, 다른 셔틀에 코튼 리넨 혼방사를 감는다. 그리고 나머지 셔틀에 여유 실을 감는다.
3. 여유 실로 5-7.5cm 헤더 위빙하고 단단하게 눌러, 날실들을 고르게 펼쳐 직물의 견고한 기초를 만든다. (2장 참고)
4. 위빙 폭의 6배를 꼬리 실로 남기고, 리드는 아래로 내리고 위빙을 시작한다. 코튼 리넨 혼방으로 9단 위빙한다.
5. 꼬리 실을 돗바늘에 꿰어 자수 스티치(9장 참고)로 위빙 시작 부분을 고정한다.
6. 실크 리넨 혼방사로 바꾸고, 플레인 위브 1.3cm 짠다. 마지막 단은 리드를 아래로 내려 짠다. 그리고 브룩스 부케 패턴 작업 시작 방향으로 씨실을 꺼낸다. 각자 선호하는 방향으로 정한다.

참고: 브룩스 부케는 손으로 조작하는 위빙 기법 중 가장 많이 쓰이는 패턴이다. 리드 앞쪽에서 작업하며, 씨실이 날실 사이를 통과하지 않고 씨실로 날실 몇 가닥씩을 돌려 감아 묶음이나 다발을 만든다. 개인적으로는 오른쪽에서 왼쪽으로 작업하는 것이 편해, 셔틀은 오른쪽에 오고 리드는 아래로 내려간 상태로 플레인 위브로 끝낸다.

식탁 매트 1: 전면 브룩스 부케

7. 리드는 위로 들고 왼쪽으로 진행한다. 위로 들린 날실 5개 아래로 셔틀을 통과시킨 후, 날실 밖으로 뺀다. 4, 5번째 날실의 위를 지나 4번째 날실 오른편으로 다시 셔틀을 날실 사이에 넣는다. 다음 위로 들린 4개 날실 아래로 셔틀을 통과시킨다. 첫 번째 날실 묶음에서 4, 5번째 날실이 씨실로 감싸지는 것을 볼 수 있다.
8. 셔틀을 다시 날실 밖으로 빼고, 6, 7번째 날실 위로 되돌아 다시 날실 사이로 들어가 날실들을 감싸게 된다. 다시 셔틀을 다음 날실 4개 밑으로 통과시킨다. 같은 방법으로 계속 위빙한다.

참고: 날실을 감싼 스티치들은 굴곡지게 둔다. 씨실에 충분한 여유가 없다면, 식서 부분이 당겨질 수 있다.

9. 마지막 6개 날실은 셔틀을 날실 사이로 통과시키고 씨실을 눌러 자리하게 한다.
   날실을 감싼 부분이 너무 느슨해 보이면 돗바늘을 이용해 조절한다. 날실을 감싼 X 모양이 깔끔하게 완성된다.
10. 플레인 위브 1단을 짠다.
11. 패턴과 플레인 위브를 번갈아 42cm 위빙한다. 마지막엔 플레인 위브로 2.5cm 짠다.
12. 굵은 씨실을 마무리하고, 코튼 리넨 혼방사로 바꿔 9단 짠다. 자수 스티치로 마무리한다.

식탁 매트 2: 브룩스 부케 보더

13. 매트 사이 날실을 5cm 띄우고 두 번째 매트를 시작한다. 위빙 폭의 6배 길이로 꼬리 실을 남기고, 리드를 아래로 내려 위빙을 시작한다. 코튼 리넨 혼방사로 9단 짠다.
14. 꼬리 실을 돗바늘에 꿰어 자수 스티치로 위빙 시작 부분을 마무리한다.
15. 실크 리넨 혼방사로 바꾸고 플레인 위브 2.5cm를 짠다. 마지막 단은 리드를 아래로 내려 짠다. 그리고 각자 선호하는 방향에서 패턴을 시작한다.
16. 양쪽 끝 날실 9개씩 띄우고, 브룩스 부케를 시작한다. 플레인 위브와 번갈아 4번 짠다.
17. 5번째 패턴 단에서는 처음 9개 날실은 플레인 위브로 짠 뒤 브룩스 패턴을 3번 짠다. 그리고 다시 플레인 위브를 짜는데 이때 반대편 가장자리

식탁 매트 1에서는 가장자리뿐 아니라, 전체적으로 브룩스 부케 패턴을 위빙한다.

에 브룩스 패턴 3번 짤 날실 갯수와 날실 9개 남긴다. 남겨 둔 날실을 이용해 브룩스 부케 패턴 3개를 또 만든다. 그리고 나머지 9개 날실은 플레인 위브로 짠다.

18 플레인 위브 1단 짠다.

19 17-18단계를 반복해 34.5cm 위빙한다. 16단계를 반복해 브룩스 부케 보더(가장자리)를 완성한다.

20 플레인 위브로 2.5cm 짠다. 굵은 씨실을 마무리하고, 코튼 리넨 혼방사로 바꿔 9단 짠다. 자수 스티치로 마무리한다.

마무리

21 완성된 천을 위빙룸에서 떼어 낸다. 2개 매트 사이 날실도 자르고, 술은 자수 스티치 기준으로 6mm 자른다.

22 단 처리한 부분과 식서 부분이 비슷한 두께가 되도록, 양쪽 식서 부분을 6mm로 접어 비슷한 컬러의 실로 감침질한다(9장 참고). 이렇게 마무리하면 견고한 가장자리를 만들 수 있다.

23 직물 끝은 두 번 접어 굵은 씨실 단과 만나게 한 뒤, 감침질로 마무리한다.

24 세탁기의 가장 약한 코스로 세탁한 뒤 평평하게 눕혀 건조시킨다. 남아 있는 꼬리 실들은 바짝 자른다.

검프 테이블 러너

검프(gamp)는 위빙 샘플링 방법 중 하나로, 다른 컬러와 구조의 블록들을 같이 위빙하여 다양한 가능성을 시험하는 방법이다. 많은 아이디어들을 한 번에 테스트하기 좋아하는 사람들에게 사랑받아 왔다. 일반적으로 날실 패턴과 컬러 순서 그대로 씨실 패턴과 컬러 순서를 배치하는 방법이 많이 쓰인다. 검프 테이블 러너는 컬러와 패턴 변화를 결합해 완성된다. 날실 띄우기와 씨실 띄우기 그리고 이 둘의 결합이 다양한 컬러와 만나 어떤 느낌으로 변화되는지 볼 수 있다. 직물의 앞면에서 보이는 패턴의 뒤집힌 모습이 뒷면에 보인다는 점을 유념하자.

위빙 계획

완성 사이즈
21×73cm, 양쪽 끝 술 길이 2.5cm

직물 구조
픽업

도구
1) 리지드 헤들룸: 10인치(25.5cm), 12dpi 리드
2) 25.5cm 픽업 스틱, 스틱 셔틀 5개

준비물
돗바늘, 로터리 커터와 커팅 매트, 여유 실

씨실 날실 준비

날실 밀도
12

위빙 폭
24cm

씨실 단 수
14

날실 길이
129.5cm(45.5cm의 여유분 포함)

날실 엔드 수
113

정경 방법
직접 정경

실 정보

날실
3/2 실켓 가공 코튼(1,152m/lb): 노란색 11m, 분홍색 59m, 자주색, 연보라색 각각 39m

씨실
3/2 실켓 가공 코튼: 노란색 6m, 분홍색 29m, 자주색 60m, 연보라색 27m

정경

1. 위빙 계획과 날실 차트를 참고하여 정경한다. 노란색 양쪽 식서 실들은 사이 칸에 꿴다.

위빙

2. 각 컬러별로 1개씩 셔틀 4개를 감는다. 나머지 하나는 여유 실을 감는다.

3. 여유 실로 2.5cm 헤더 위빙해 날실들을 고르게 펼친다.(2장 참고)

4. 리드를 아래로 내리고, 리드 뒤에서 사이 칸에 꿰인 실들 중 첫 번째 실을 들어 픽업 스틱에 끼운다. 그리고 사이 칸 실들을 하나 건너 들어 끼운다. 1엔드 들고 1엔드는 내리고, 마지막 엔드는 들어 올린다. 픽업 스틱은 위빙룸 뒤로 밀어 둔다.

5. 날실 폭의 6배를 꼬리 실로 남기고, 노란색으로 2단을 위빙한다.

6. 분홍색으로 바꾸고 위빙 차트의 순서에 따라 씨실 띄우기를 3번 반복한다.

7. 노란색 꼬리 실을 이용해 날실 2엔드, 씨실 2단을 같이 잡아 헴 스티치 1단을 완성한다.

8. 위빙 차트를 참고해 러너 나머지 부분을 위빙한다. 각 컬러 블록 사이에 리드를 위로 든 상태에서 노란색으로 플레인 위브를 짜야 한다는 점을 유의한다. 노란색 씨실을 자르지 않고 식서 실과 같이 감싸 위빙한다. 컬러 블록의 사이즈가 동일하도록, 컬러별 씨실 단수를 체크한다.

참고: 날실이 뜨는 부분은 씨실이 뜨는 부분보다 2단 적게 짠다. 패턴별 짜임이 달라 씨실 단수도 달라짐을 고려해야 한다. 각각의 날실 띄우기 블록과 뜨는 씨실 블록들은 위빙룸 위에서 정사각형으로 보여야 한다. 그리고 긴 윈도우팬(창유리 모양의 격자 무늬-옮긴이) 부분은 가로의 두 배로 세로 길이를 잡는다.

9. 마지막 헴 스티치도 시작 부분과 마찬가지로 노란색 씨실을 이용해 만든다.

마무리

10. 완성된 천을 위빙룸에서 떼어 낸다. 술은 길게 남겨 둔다.

11. 욕조에 2.5-5cm의 온수를 채우고, 헹굼이 필요 없는 세제를 푼다. 술이 해지지 않게 손세탁을 추천한다.
러너를 물속에 20분 정도 담근다.

12. 러너를 물 밖으로 들어 올려 물이 빠지도록 어느 정도 들고 있는다. 러너를 말아 부드럽게 손으로 눌러 물기를 제거한다. 깨끗한 타월 위에 평평하게 눕혀 건조시킨다.

13. 로터리 커터와 커팅 매트를 사용해 술은 2.5cm 길이로 자른다.

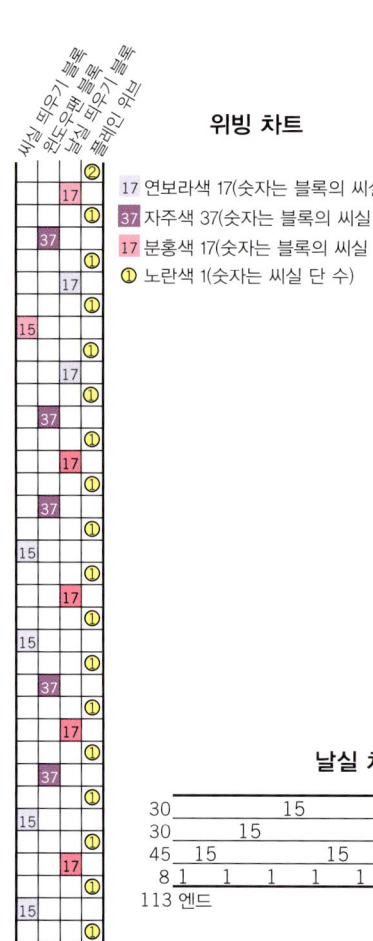

위빙 차트

17 연보라색 17(숫자는 블록의 씨실 단 수)
37 자주색 37(숫자는 블록의 씨실 단 수)
17 분홍색 17(숫자는 블록의 씨실 단 수)
1 노란색 1(숫자는 씨실 단 수)

날실 차트

30		15		15			☐ 연보라색
30		15			15		■ 자주색
45	15		15			15	■ 분홍색
8	1	1	1	1	1	1	☐ 노란색

113 엔드

참고: 양쪽 식서 실은 사이 칸에 꿴다.

검프 패턴

검프 러너는 날실을 띄운 블록, 씨실을 띄운 블록의 반복과 뜬 날실과 씨실의 띄우기 조합으로 이루어진다. 검프 패턴은 다음 순서와 같다.

씨실 띄우기 (블록별 15단)

1 *리드 아래
2 리드 위, 픽업 스틱
3 리드 아래
4 리드 위*
   - 3번 반복
5 리드 아래
6 리드 위, 픽업 스틱
7 리드 아래

날실 띄우기(블록별 17단)

1 *리드 아래
2 리드 위
3 픽업 스틱
4 리드 위*
   - 4번 반복
5 리드 아래

윈도우팬: 날실, 씨실 띄우기 (블록별 37단)

1 *픽업 스틱
2 리드 위
3 리드 아래
4 리드 위, 픽업 스틱
5 리드 아래
6 리드 위*
   - 6번 반복
7 픽업 스틱

검프 테이블 러너

마음대로 테이블 러너

이 직물은 상업적 타월과 반대되는 방법으로 만들어지며, 실용적인 좁은 테두리를 가지고 있다. 위빙 아티스트 애니 알버스의 인레이 기법(표면에 무늬를 새겨 넣는 기법–옮긴이)에서 영감을 받아 디자인했다. 그리고 또 다른 창의적인 아티스트 테오 무어맨으로 인해 널리 알려진, 실이 안으로 들어가지 않고 밖으로 보이는 기법을 사용했다. 굵고 가는 실을 각각의 사이 칸과 구멍에 꿰고, 픽업 스틱을 사용해 사이 칸에 꿰인 가는 실을 들어 올린다. 추가 날실을 사용하는 전통적인 방법 대신, 추가 씨실을 자리하게 하는 테오의 스타일로 위빙했다.

위빙 계획

완성 사이즈
23.5×87cm

직물 구조
플레인 위브, 인레이 기법

도구
1) 리지드 헤들룸: 10인치(25.5cm), 10dpi 리드

2) 30.5–35.5cm 스틱 셔틀 2개, 10–15cm 스틱 셔틀 2개, 35.5cm 이상의 픽업 스틱

준비물
바느질용 실과 바늘, 직선 핀, 돗바늘, 여유 실, 25.5×89cm 크래프트지와 컬러 펜 혹은 연필(선택 사항)

씨실 날실 준비

날실 밀도
10(굵은 실 1, 가는 실 1가닥씩 사이 칸과 구멍마다 같이 꿰)

위빙 폭
25.5cm

씨실 단 수
11

날실 길이
143cm(40.5cm의 여유분 포함)

날실 엔드 수
100(굵은 실 100, 가는 실 100의 각 1가닥 실을 합쳐 1엔드로 씀)

정경 방법
직접 정경

실 정보

날실
4합 워스티드 웨이트 코튼 리넨 혼방(915m/lb): 남색 143m

22/2 코튼 리넨 혼방(2,968m/lb): 청록색 143m

바탕 씨실
4합 워스티드 웨이트 코튼: 남색 115m

22/2 코튼 리넨 혼방: 청록색 57m

추가 씨실
4합 워스티드 웨이트 코튼 리넨 혼방: 노란색 4m

2합 멀티컬러 노벨티 코튼: 4m

정경

1. 위빙 계획을 참고해 굵은 실 1, 가는 실 1가닥을 합쳐 직접 정경한다.

위빙

참고: 가는 실은 매번 리드를 아래로 내린 상태에서, 굵은 실은 매번 리드를 위로 들고 위빙한다. 그리고 추가 씨실은 날실을 픽업 스틱으로 들고 위빙한다. 수직 인레이는 위빙하는 동안 위빙 천 앞에서 뒤로 셔틀을 통과시켜 완성한다. 씨실이 가는 실 위, 굵은 실 아래로 지나가며 수직으로 선이 생긴다. 수평 인레이는 픽업 스틱을 들고 씨실을 원하는 길이만큼 날실 사이로 통과시키면 된다.

2. 긴 셔틀 하나에 굵은 남색 씨실을 감고, 가는 청록색 씨실은 다른 셔틀에 감는다. 짧은 셔틀에는 추가 씨실 노란색과 멀티컬러 실을 감는다.
3. 여유 실로 5-7.5cm 헤더를 단단하게 위빙해 날실들을 고르게 펼친다. 직물에 견고한 기초가 된다.(2장 참고)
4. 가는 청록색 컬러 씨실로 위빙을 시작한다. 날실 폭의 6배로 꼬리 실을 남기고, 25단 위빙한다. 마지막 단은 리드를 아래로 내리고 짠다.
5. 꼬리 실을 돗바늘에 꿰어 자수 스티치로 위빙 시작 부분을 고정한다.(9장 참고)

참고: 새로 실을 더할 때 실 가르기 방법으로 꼬리 실을 정리하면, 실 정리한 부분이 두꺼워지지 않는다.(2장 참고)

인레이 기법

6. 리드를 아래로 내리면 사이 칸에 꿰인 실들이 위로 올라온다. 그중 가는 실들을 골라 픽업 스틱에 끼운다. 픽업 스틱은 리드 뒤에서 끼운다.

참고: 인레이 기법은 위빙룸 위에서 계획을 세워도 되고, 미리 크래프트지 위에 컬러 펜이나 연필로 밑그림을 그려도 된다.

리드를 중립에 두고 픽업 스틱을 세운다. 사이 칸에 꿰인 가는 실들만 들린다.

7. 추가 씨실을 넣을 부분을 정한다. 원하는 부분에 원하는 컬러의 추가 씨실로 위빙한다. 추가 씨실은 1가닥만 사용해도 되고, 원하는 두께로 실을 합쳐 써도 된다. 실이 이어진 부분이 눈에 띄지 않게 '실 가르기' 방법(2장 참고)을 사용해 실 끝을 마무리한다. 이 방법으로 첫 번째 수평 인레이를 완성한다.
8. 씨실을 누르면, 가는 실 위로 추가 씨실들이 자리하게 된다. 추가 씨실 셔틀을 위빙 천 뒤로 넘겨 가는 씨실 셔틀이 있는 쪽으로 모아 두면, 굵은 씨실을 짤 때 셔틀끼리 엉키는 것을 방지할 수 있다.

참고: 4개의 셔틀을 사용하며, 셔틀을 자주 뒤에서 가져와야 하는 상황이다. 이때 위빙룸을 스탠드에 올려 작업하면 추가 씨실 셔틀을 무릎 위에 올려 둘 수 있어 편리하다.

9. 리드를 위로 들고, 굵은 실을 위빙한다. 그리고 추가 날실 셔틀을 뒤로 넘겼던 곳에서 셔틀을 다시 가져와, 굵은 씨실 아래로 통과시킨다. 이것이 수직 인레이의 시작이다.
10. 굵은 씨실 1단을 짠다. 이때, 수직 인레이를 계속할지 수평으로 바꿀지를 선택할 수 있다. 셔틀을 직물 뒤로 넘기면 수직으로 계속 진행할 수 있다. 혹은 리드를 중립에 두고 픽업 스틱을 들면 수평으로 진행할 수 있다.
11. 위빙룸에서 직접 인레이 패턴을 디자인할 수도 있고, 종이에 그려 둔 밑그림을 따라갈 수도 있다. 러너를 89cm 짰을 때 인레이를 마무리한다. 실 가르기 방법을 써서 꼬리 실 정리가 두꺼워지지 않게 한다.
12. 시작 부분과 같이, 굵은 실과 가는 실을 번갈아 2cm 위빙한다. 굵은 실은 마무리하고, 가는 실로 15단 짠 뒤 자수 스티치로 마무리한다.

마무리

13 완성된 천은 위빙룸에서 떼어 낸다. 술은 자수 스티치부터 6mm 길이로 자른다.

14 직물 끝을 1.3cm로 두 번 접는다. 접힘 부분이 첫 번째 굵은 씨실 단과 만나게 한다. 핀으로 고정하고, 다림질한 뒤 감침질로 마무리한다.(9장 참고)

15 세탁기의 약한 코스로 세탁한 후, 평평하게 눕혀서 건조시킨다. 남은 꼬리 실들은 바짝 자른다.

인레이 밑그림

인레이 스타일의 패턴은 위빙하는 동안 디자인할 수도 있고 미리 밑그림을 준비할 수도 있다. 밑그림은 주로 태피스트리 위빙에서 많이 쓰인다. 디자인을 종이에 스케치하고 위빙룸 뒤에 붙인다. 그리고 밑그림을 따라 위빙하는 방식이다. 대부분 태피스트리 작업은 수직 방향으로 세워진 위빙룸을 사용해, 밑그림을 따라가기가 쉽다. 하지만 리지드 헤들룸에서도 밑그림을 사용할 수 있다.

리지드 헤들룸로 위빙하는 동안, 짜인 천은 프런트 롤러에 감겨 직물의 전체 모습을 볼 수 없다. 이런 이유로, 인레이 디자인을 일정한 비율로 스케치해 밑그림을 만들면 좋다. 시작하기 전에 전체적인 디자인을 가늠할 수 있고 위빙하는 동안 가이드의 역할도 하기 때문이다.

원하는 제품 사이즈로 종이를 잘라 밑그림을 그려 사용할 수도 있다. '마음대로 테이블 러너'의 경우, 25.5×89cm로 만든다. 종이 옆쪽에 2.5cm마다 표시를 해 두면 비율을 가늠하기 좋다. 두 가지 다른 컬러 펜이나 연필로 디자인을 대략적으로 표현한다. 인레이 디자인은 수직이나 수평 혹은 계단식 대각선만 가능하다는 것을 염두에 둔다. 밑그림을 위빙룸 가까이 테이블 위나 바닥에 놓고, 위빙하는 동안 가이드로 사용한다.

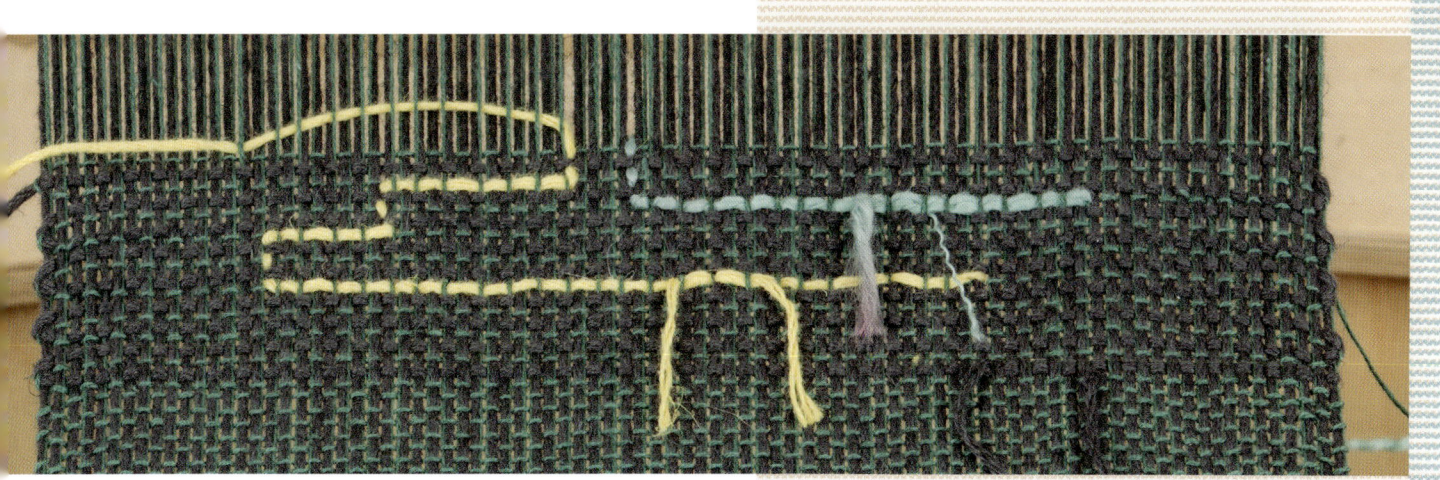

추가 씨실을 사용해 특별한 인레이 패턴을 만들 수 있다.

6장

거실

울을 사랑하는 사람들이 반길 만한 장이다. 거실은 포근한 블랭킷, 통통한 쿠션 등의 위빙 제품들을 위한 완벽한 공간이다. 좋은 책을 읽고, 좋아하는 음료를 마시며 쉬기에 좋다. 섬유 제품들은 어느 공간이든 분위기를 밝게 만든다. 테이블 스퀘어는 좋아하는 램프 아래 깔 수도 있고, 도자기를 빛나게 하는 용도로 쓸 수도 있으며, TV 리모컨을 보관하는 장소도 될 수 있다. 아름답고 기능적인 러그는 바닥에만 쓰이지는 않는다. 작은 사이즈의 테이블용 러그는 거실에 질감을 더하고, 실수로 엎질러진 찻잔으로부터 테이블을 보호하며, 펜이 굴러가는 것을 방지한다.

허드슨 베이 블랭킷

리지드 헤들룸으로 크고 아늑한 블랭킷을 만드는 것은 어려워 보이지만, 충분히 가능하다. 두 번째 리드를 쓰면 위빙룸 폭의 두 배 길이로 천을 짤 수 있다. 이번 작업은 허드슨 베이사의 포인트 블랭킷에서 영감을 받아, 천연 착색 울을 사용해 완성했다. 전통적인 허드슨베이 포인트 블랭킷의 특징인 대담한 스트라이프와 가는 선을 포함하고 있다.

위빙 계획

완성 사이즈
96×175cm, 술 15cm

직물 구조
2배 폭 이중직

도구
1) 리지드 헤들룸: 24인치(61cm), 5dpi 리드 2개
2) 스틱 셔틀 4개, 66cm 픽업 스틱 2개

준비물
여유 실

씨실 날실 준비

날실 밀도
10(한겹에 5씩)

위빙 폭
61cm

씨실 단 수
6

날실 길이
2.75m(73.5cm의 여유분 포함)

날실 엔드 수
240

정경 방법
정경대 사용 혹은 2개 리드에 직접 정경

실 정보

날실
2합 벌키(대바늘 5.5-8mm에 알맞는 굵기의 실-옮긴이) 울(799m/lb): 흰색 658m

씨실
2합 벌키 울: 흰색 514m, 갈색, 진갈색 각각 60m

정경

1. 위빙 계획을 참고해, 정경대를 이용하거나 혹은 직접 2개 리드에 정경한다.(8장의 '2개 리드 정경 방법', '길고 넓은 날실 정경 방법' 참고. 이번 장의 '더블 위브 쿠션'의 더블 위브에 대한 자세한 설명 참고)

위빙

2. 세 가지 컬러를 각각 셔틀에 감고, 나머지 셔틀에 부드러운 여유 실을 감는다.

3. 여유 실로 2.5-5cm 헤더를 위빙해 날실을 고르게 펼친다.(2장 참고)
블랭킷 위빙을 시작하기 전에 20cm의 날실을 위빙하지 않은 상태나, 여유 실로 위빙한다. 이 부분을 나중에 술로 만든다. 직물을 위빙룸에서 떼어 내 술을 완성할 때까지 씨실이 풀리지 않도록 다시 여유 실로 2.5cm 위빙한다.

픽업 스틱

픽업 스틱 A

4. 두 리드 모두 아래로 내린다. 리드 뒤에서 첫 번째 날실을 들고 하나 건너 날실들을 든다.

픽업 스틱 B

5. 두 리드 모두 위로 든다. 픽업 스틱 A를 리드 쪽으로 당겨 뒷쪽 리드과 닿게 한다. 그리고 리드 뒤쪽, 아래로 벌어진 날실 사이에 픽업 스틱 B를 끼운다.

패턴 반복

6. 두 리드 모두 중립에 두고 픽업 스틱 B를 돌려 세우면, 그에 해당하는 실들이 들린다. 오른쪽에서 위빙을 시작한다. 15cm 꼬리 실을 남기고 흰색 씨실로 첫 단을 짠다.(아래층)

7. 픽업 스틱 B를 눕히고 뒤쪽으로 밀어 둔다. 뒤쪽 리드를 위로 올리고 두 번째 단을 짠다.(위층)

8. 리드를 중립에 두고 픽업 스틱 A를 들고 세 번째 단을 짠다.(위층)

9. 앞쪽 리드를 아래로 내리고 1단 위빙한다. 이때 남겨 두었던 꼬리 실을 날실 사이로 끼워 넣어 정리한다.(아래층)

10. 6-9단계를 반복해 2.5-5cm 위빙한다.

위빙 체크

11. 뒤쪽 리드를 위로 올리고 앞쪽 리드를 뒤쪽으로 밀면 위층 날실들을 아래층 위로 들어 올려진다. 2개의 식서가 오른편에 생겨야 하고, 왼편에는 두 층이 접힌 채 연결되어 있는지 확인한다.

참고: 왼쪽에서 시작하면 두 층이 접히는 부분에 2엔드 날실이 함께 위빙될 수 있어 오른쪽에서 시작하는 것을 추천한다. 혹시 왼쪽에서 시작해 접히는 부분에 두 겹 날실이 생겼다면, 2가닥 중 하나를 제거해 위아래로 교차되는 위빙 순서를 유지하도록 한다.

12. 위빙 차트를 참고해 계속 위빙한다.

짧은 스트라이프 위빙

13. 뒤쪽 리드를 위로 올리고, 흰색 씨실로 1단 위빙한다. 오른쪽 식서에서 10cm 떨어진 곳에서 멈추고, 셔틀을 날실 밖으로 뺀다. 셔틀을 위빙 천 위에 둔다.

14. 리드 위치를 그대로 유지하고, 진갈색 씨실 셔틀

위빙 차트
(단위: cm)

을 오른쪽에서 넣는다. 꼬리 실을 10cm 남겨 둔다. 흰색 실 셔틀을 밖으로 뺀 지점에서 갈색 실 셔틀도 뺀다. 셔틀들을 위빙 천 위에 둔다.

15 갈색 컬러 실로 흰색 실을 감싸, 두 실을 엮는다.

16 리드를 중립에 두고 픽업 스틱 A를 든다. 흰색 실을 벌어진 날실 사이로 다시 통과시켜 왼쪽으로 위빙한다. 갈색 실도 벌어진 날실 사이로 통과시켜 오른쪽으로 위빙한다.(두 셔틀 모두 위빙 천 밖으로 빼냈던 지점에서 다시 날실 사이로 들어간다.-옮긴이)

17 흰색 실로 2.5 cm 위빙한다. 갈색 실은 식서 날실과 함께 위빙한다.

18 두 번째 갈색 스트라이프를 위빙한다. 실 가르기 방법(2장 참고)으로 진갈색 실을 마무리하고 위빙 차트를 참고하여 블랭킷을 완성한다. 갖고 있는 위빙룸에 따라 다르지만, 블랭킷 완성에 가까워져 갈수록 프런트 롤러가 가득 차서 날실들이 벌어지는 것을 방해할 수 있다. 날실들이 벌어지는 각도가 좁아져 깔끔하게 벌어지지 않을 수 있다. 이 경우, 2.5cm 위빙할 때마다 날실을 감는다.

19 여유 실로 7.5cm 위빙해, 마무리할 동안 씨실이 풀리지 않도록 한다.

마무리

20 완성된 천을 위빙룸에서 떼어 낸다. 20cm의 날실을 남겨 술로 만든다. 모든 꼬리 실들은 5cm로 자른다. 아래층에 위빙되지 않은 부분이 있을 수 있다. 위빙하는 동안 아래층을 볼 수 없기 때문에, 날실과 씨실이 교차되는 순서를 쉽게 놓칠 수 있다. 특히 울 실은 서로 잘 붙어 이런 실수가 잘 생긴다. 직물을 잘 살펴보고, 실수가 있다면 세탁 전에 고친다.(9장 참고)

21 오버핸드 매듭으로 날실 4엔드씩 묶는다. 블랭킷 가까이 단단히 묶는다(9장 참고). 술은 15.2cm나 원하는 길이로 자른다. 남은 꼬리 실들은 바짝 자른다.

22 사용하는 세탁기의 기능에 따라 세탁 방법을 선택해야 한다. 손세탁하거나, 세탁기의 가장 약한 코스로 세탁할 수 있다. 가장 안전한 방법은 손세탁이다. 세탁기에서 너무 강하게 회전되면 술이 잡아 당겨지거나 직물이 비틀릴 수 있다.
손세탁의 경우, 미온수에 ¼컵의 중성 세제나 헹굼이 필요 없는 세제를 더한다. 블랭킷을 물에 담가 부드럽게 휘젓는다. 20분 정도 물에 담가 두었다가, 물을 빼고 다시 헹군다.

23 블랭킷을 물 밖으로 꺼내고, 잠시 들고 있어 물기가 빠지도록 한다. 그리고 부드럽게 손으로 눌러 물기를 제거한다. 건조대 위에 깨끗한 타월을 깔고, 그 위에 블랭킷을 눕혀 건조시킨다.

2배 폭 더블 위브

다음의 더블 위브 4단계를 통해 2배 폭으로 위빙이 가능해진다.

1 픽업 스틱 B (아래층)
2 뒤쪽 리드 위(위층)
3 픽업 스틱 A (위층)
4 앞쪽 리드 아래 (아래층)

트위드&트윌 쿠션

트위드는 아일랜드와 영국 시골의 상징적인 직물로, 세계적으로 널리 알려진 직물 중 하나이며 위버들에게 사랑받는 패턴 중 하나이다. 전통적인 트위드는 플레인 위브나 트윌로 짜인 울 소재의 천이다. 오버사이즈 트위드 쿠션은 대대로 물려줄 수 있을 만큼, 좋은 퀄리티의 '롬니 롱울 소모사'로 만들었다. 이 실은 전통적인 느낌을 주며, 컬러는 영국 섬의 언덕을 연상시킨다. 이 쿠션 커버는 양면 사용이 가능하며, 갖고 있는 위빙룸 크기나 각자의 필요에 따라 쉽게 커버 사이즈를 늘리거나 줄일 수 있다.

위빙 계획

완성 사이즈
54.5×54.5cm, 덮개 20.5cm, 술 12.5cm

직물 구조
1/3 트윌

도구
1) 리지드 헤들룸: 23인치(58.5cm), 5 dpi 리드 2개
2) 스틱 셔틀 2개, 66cm 픽업 스틱 2개, 66cm 헤들 막대, 실 헤들 57개

준비물
바느질용 실과 바늘, 직선 핀, 51×51cm 쿠션 솜, 여유 실, 스냅 단추 3개(선택 사항)

씨실 날실 준비

날실 밀도
10

위빙 폭
58cm

씨실 단 수
7

날실 길이
208m(61cm의 여유분 포함)

날실 엔드 수
228

정경 방법
정경대 사용 혹은 2개 리드에 직접 정경

실 정보

날실
2합 벌키 울(732m/lb): 녹색 475m

씨실
2합 벌키 울: 노란색 261m

마무리
22/2 코튼 리넨 혼방(2,652m/lb): 노란색 18m

정경

1. 위빙 계획을 참고해, 정경대를 이용하거나 직접 2개 리드에 정경한다.(8장의 '2개 리드 정경 방법', '길고 넓은 날실 정경 방법' 참고)

참고: 롬니와 같은 잘 붙는 실을 사용할 때는 날실이 일정한 장력을 가져야 날실 사이가 깔끔하게 벌어진다. 프런트 롤러에 묶을 때와 위빙할 때도 주의를 기울여야 한다.

위빙

2. 셔틀 하나에 씨실을 감고 나머지 셔틀에 여유 실을 감는다.
3. 부드러운 여유 실로 2.5-5cm의 헤더를 위빙해 날실을 고르게 펼친다.(2장 참고)

패턴 반복

4. 두 리드 모두 아래로 내리고, 리드 뒤에서 날실을 1엔드 들고 1엔드 내려 픽업 스틱 A를 끼운다. 픽업 스틱 A는 위빙룸 뒤로 민다.

헤들 막대

5. 두 리드 모두 아래로 내리고, 리드 뒤쪽에서 픽업 스틱 A와 반대로 날실을 든다. 날실 1엔드 내리고, 1엔드 들고 픽업 스틱 B을 끼운다.
6. 두 리드 모두 중립에 두고 픽업 스틱 B을 돌려 세운다. 올라간 날실들을 헤들 막대에 끼운다.
7. 위빙 폭의 6배로 꼬리 실을 남기고, 노란색 씨실로 위빙을 시작한다. 1/3 트윌 순서에 맞춰 7.5cm 위빙한다.

위빙할수록 녹색 날실의 사선이 나타나는 것을 볼 수 있다. 혹시 이 사선이 끊긴다면 패턴 단계의 한 부분을 놓친 것이다. 놓친 부분까지 위빙한 것을 다시 풀거나 씨실들을 잘라 내야 한다.

8. 자수 스티치로 위빙 시작 부분을 고정한다.(9장 참고)
9. 총 길이가 147.5cm가 될 때까지 계속 위빙한다.

참고: 식서 부분이 당겨지지 않고 위빙 폭이 일정하게 유지되려면, 씨실 각도를 충분히 주고 자주 날실을 감아야 한다.
1/3 트윌 패턴은 날실 비율이 살짝 더 높아 앞면보다 뒷면에서 날실이 더 많이 보인다. 리드로 씨실을 가볍게 밀어 2.5cm당 씨실 단 수가 일정하게 유지되도록 한다.
위빙하는 동안 식서 부분을 신경 써야 한다. 트윌 패턴의 특성상 식서 부분에서 씨실이 날실 3엔드 위로 한꺼번에 올라갈 때가 있다. 식서 실을 손으로 잡아, 내리거나 올린다. 식서 실 위빙을 놓치지 않도록 신경 써야 한다.

10. 마무리하는 동안 씨실이 풀리지 않게 여유 실로 몇 단 짠다.

마무리

11 완성된 천을 위빙룸에서 떼어 낸다. 꼬리 실들은 5cm 길이로 잘라 낸다. 위빙을 놓친 부분은 없는지 확인하고 실수가 있으면 세탁 전에 고친다.(9장 참고)

12 직물 끝을 1.3cm 접고 자수 스티치로 마무리한다. 다시 5cm 접어 술을 감싼다. 바느질을 위해 핀으로 고정한다. 비슷한 컬러의 실을 사용해 감침질로 마무리한다.(9장 참고)

13 쿠션 덮개의 장식적인 술은 '엇갈려 묶기'를 3단 만들어 완성한다. 22/2 노란색 코튼 리넨 혼방사로 묶는다(9장 참고). 첫 번째 단은 날실을 12엔드씩 잡아 19개의 묶음이 나온다.

14 바닥 단을 53.5cm 위로 올려 접어, 20cm의 덮개가 있는 정사각 포켓을 만든다. '공그르기'보다는 '에스키모 바느질'(9장 참고)로 포인트를 주어 마무리한다. 씨실과 동일한 실로 바느질한다.

15 쿠션 커버는 손세탁한다. 미온수에 ¼컵의 중성 세제나 헹굼이 필요 없는 세제를 더한다. 쿠션 커버를 넣고 힘차게 휘젓는다. 20분 정도 담근 후, 물을 빼고 필요시 헹군다. 쿠션 커버를 물에서 꺼내 물이 빠지게 잠깐 들고 있는다. 그리고 약하게 말아 손으로 눌러 물기를 제거한다. 깨끗한 타월 위에서 눕혀 자연 건조시킨다.

16 술은 6.5cm나 원하는 길이로 자른다. 남아 있는 꼬리 실들은 바짝 자른다.

17 쿠션 솜을 넣는다. 덮개 밑, 술 가까이에 3개의 스냅 단추를 달아 쿠션 솜을 좀 더 단단히 고정할 수 있다.

1/3 트윌 패턴

다음의 4단계를 통해 1/3 트윌 패턴이 완성된다.

1 앞쪽 리드 위
2 픽업 스틱
3 뒤쪽 리드 위
4 헤들 막대

트윌이란?

간단하게 설명하면, 트윌은 각각의 씨실과 날실이 1엔드 이상의 실 위나 아래로 통과되는 직물 구조를 말한다. 성공적으로 위빙된 씨실은 동일한 간격으로 날실 위를 덮고, 날실 밑으로 통과한다. 이로 인해 진한 사선이 생긴다. 이 사선은 계속될 수도 있고 다른 효과를 내기 위해 잘릴 수도 있다.

트윌 직물은 앞뒷면 모두 사용 가능하다. '트위드 & 트윌 쿠션 커버'처럼 두 가지 컬러를 사용한다면, 앞면에 한 컬러가 주로 보이고 뒷면에 다른 컬러가 주로 보이게 된다. 다양한 종류의 트윌이 있으며 이 책에서는 그중 몇 가지만 다루고 있다.

'트위드 & 트윌 쿠션 커버'에 쓰인 '1/3 트윌'은 가장 일반적인 트윌이다. 씨실이 1엔드 날실 밑으로 통과하고 3엔드 날실 위로 통과해 진한 사선을 만든다. '산뜻한 브레드 클로스'에서 쓰인 '버드아이 트윌'은 믹스드 트윌이다. 실을 띄우는 방식을 섞어, 씨실 3엔드 위로 지나가거나 3엔드 아래로 지나가는 방식에 변화를 주었다.

'트윌 테이블 러너'에서 사용된 '포인트 트윌' 역시 진한 사선을 갖고 있다. 날실과 씨실이 2엔드씩 교차되며 한쪽 방향으로 트윌을 짜다가 방향을 반대로 바꾸면 뾰족한 포인트가 만들어진다.

'트윌 테이블 러너'에서 쓰인 '어드밴싱 트윌'은 좀 더 화려한 패턴을 보이는데, 플레인 트윌과 믹스드 트윌의 결합으로 완성된 위빙 조직이다.

트위드&트윌 쿠션

화려한 테이블 스퀘어

핸드페인티드 실(손으로 칠해 염색한 실-옮긴이)은 눈길을 사로잡는 컬러와 위빙 패턴을 만드는데 '로그 캐빈' 패턴에서는 더욱 화려해 보인다. 로그 캐빈은 착시를 일으키는 패턴으로 많은 위버들이 좋아한다. 진한 컬러의 핸드페인티드 실과 밝은 단일 컬러의 실을 사용하면 착시 현상이 짙어진다. 테이블 스퀘어를 보조 테이블 가운데 올려 놓으면 눈길을 사로잡는 포인트 인테리어가 된다.

위빙 계획

완성 사이즈
33×31.5cm

직물 구조
로그 캐빈

도구
1) 리지드 헤들룸: 14인치(35.5cm), 12dpi 리드
2) 스틱 셔틀 4개

준비물
바느질용 실과 바늘, 올 풀림 방지액, 여유 실

씨실 날실 준비

날실 밀도
12

위빙 폭
35.5cm

씨실 단 수
12

날실 길이
91cm(50.8cm의 여유분 포함)

날실 엔드 수
168

정경 방법
정경대 사용 혹은 직접 정경

실 정보

날실
4합 스포츠 웨이트(대바늘 3.25-3.75mm에 알맞는 굵기의 실 -옮긴이) 습식 방사 리넨(1,189m/lb): 미색, 핸드페인티드 멀티컬러 각각 77m

씨실
4합 스포츠 웨이트 습식 방사 리넨: 미색, 핸드페인티드 멀티컬러 각각 33m, 바느질 실 9m

정경

1. 위빙 계획과 날실 차트를 참고해 정경한다. 직접 정경이나 정경대 두 방법 모두 가능하다.

위빙

2. 3개 셔틀에 각각 핸드페인티드 실, 미색 실, 바느질 실을 감는다. 나머지 셔틀에는 여유 실을 감는다.
3. 여유 실로 2.5cm 헤더 위빙해 날실들을 고르게 펼친다.(2장 참고)
4. 6cm의 꼬리 실을 남기고 바느질 실로 2.5cm 위빙한다. 이 방법은 단 처리 부분이 얇게 유지되어, 직물을 바닥에 놓았을 때 단쪽이 들리지 않는다. 꼬리 실은 두 번째 단에 집어 넣어 마무리하고, 끝은 올 풀림 방지액으로 마무리한다.
5. 위빙 차트를 참고하여 계속해서 위빙한다. 쓰고 있는 씨실이 안 쓰는 씨실을 식서 실과 함께 위빙해, 직물 가장 자리를 깔끔하게 유지하도록 한다.
6. 끝으로 바느질 실로 2.5cm 위빙하고, 올 풀림 방지액으로 마무리한다.

마무리

7. 완성된 천은 위빙룸에서 떼어 낸다. 올 풀림 방지액 바른 곳에서부터 6mm 길이로 날실을 자른다.
8. 직물 끝을 6mm 접고, 다시 바느질 실에서 리넨 실로 바뀌는 부분까지 접는다. 단을 핀으로 고정하고 다림질한다. 비슷한 컬러의 실로 감침질해 마무리한다.(9장 참고)
9. 일반 세제를 넣어 세탁기의 약한 코스로 온수 세탁한다. 일반 타월을 같이 넣어 세탁하면 실들이 잘 자리 잡도록 도와주고, 세탁기의 회전에서 직물을 보호한다. 평평하게 눕혀서 건조시킨다.
10. 남아 있는 꼬리 실들은 바짝 자른다.

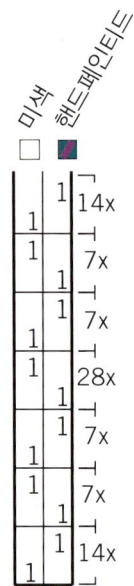

날실 차트

미색	핸드페인티드	
	1	14x
1		7x
	1	7x
1		28x
	1	7x
1		7x
	1	14x

위빙 차트

	14x	7x	7x	28x	7x	7x	14x		
84	1		1	1		1	1		1		□ 미색
84		1	1		1	1		1	1	▨ 핸드페인티드

168 엔드

로그 캐빈 패턴 정경

로그 캐빈은 '컬러 앤 위브' 패턴 중 하나로, 밝은 컬러와 어두운 컬러 실을 이용해 복잡해 보이는 구조이다. 밝은 컬러와 어두운 컬러의 착시가 패턴을 만들어 낸다.

'화려한 테이블 스퀘어'와 같이 복잡한 컬러 순서를 정경하려면 정경대를 사용하는 것이 편리하다. 각각의 컬러 2가닥을 함께 정경할 수 있다. 각 컬러를 따로 정경하는 것보다 편리하다. (8장 정경 방식 선택 방법 참고)

직접 정경을 택했다면, 패턴에 따라 밝은 색 컬러와 어두운 색 컬러를 번갈아 정경한다. 먼저, '로그 캐빈 시작' 차트를 참고해 사이 칸에 정경한다.

사이 칸에서 헤들 구멍으로 실을 옮길 때 알맞은 위치에 실을 꿴다. 계속해서 한 방향으로 실을 꿰는 것이 아니라 컬러 순서가 바뀔 때마다 매번 방향이 달라진다.

평소와 달리 헤들 구멍에 실을 꿰면서 사이 칸에 실 꿰는 순서도 바꿔야 한다.

왼쪽에서 시작해 다음과 같이 사이 칸, 헤들 구멍 모두에 실을 꿴다. 사이 칸으로 옮기는 실은 오른쪽 사이 칸으로 옮기고, 헤들 구멍에 꿰는 실은 원래 자리 사이 칸에서 양쪽 헤들 구멍으로 옮긴다.

1. 왼쪽 28엔드 날실을 꿴다. 어두운 컬러 1엔드는 오른쪽 사이 칸, 밝은 컬러는 양쪽 헤들 구멍으로 옮긴다.
2. 다음 14엔드를 꿴다. 어두운 컬러는 양쪽 헤들 구멍, 밝은 컬러 1엔드는 오른쪽 사이 칸으로 옮긴다.
3. 다음 14엔드를 꿴다. 어두운 컬러 1엔드는 오른쪽 사이 칸, 밝은 컬러는 양쪽 헤들 구멍으로 옮긴다.
4. 다음 56엔드를 꿴다. 어두운 컬러는 양쪽 헤들 구멍, 밝은 컬러 1엔드는 오른쪽 사이 칸으로 옮긴다.
5. 다음 14엔드를 꿴다. 어두운 컬러 1엔드는 오른쪽 사이 칸, 밝은 컬러는 양쪽 헤들 구멍으로 옮긴다.
6. 다음 14엔드를 꿴다. 어두운 컬러는 양쪽 헤들 구멍, 밝은 컬러 1엔드는 오른쪽 사이 칸으로 옮긴다.
7. 마지막 28엔드를 꿴다. 어두운 컬러 1엔드는 오른쪽 사이 칸, 밝은 컬러는 양쪽 헤들 구멍으로 옮긴다.

복잡해 보이지만 직접 꿰어 보면 생각보다 덜 복잡하다. 헤들 구멍에 꿰인 실들을 살펴보며 부분 체크를 할 수 있다. 헤들 구멍에 컬러 순서대로 실이 꿰여야 한다. '최종 로그 캐빈' 차트를 참고한다.

로그 캐빈 시작 실 꿰기

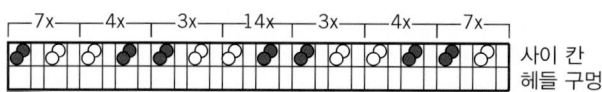

◯ 밝은 날실
● 어두운 날실

최종 로그 캐빈 실 꿰기

오버사이즈 머그 러그

사이즈가 큰 머그 러그가 일반적인 컵받침들보다 더 쓰임이 좋다. 집의 모든 방마다 머그 러그를 하나씩 두고 음료는 물론 핸드폰, 리모컨, 바늘, 열쇠, 장신구 등 무엇이든 필요한 것을 늘어 놓을 수 있다. 셀프 스트라이프 삭스(self-striping sock), 스페이스 다이드(space-dyed), 핸드다이드 그라데이션(hand-dyed gradient) 실들을 사용하면 별다른 패턴을 만들지 않아도 자연스럽게 컬러 패턴을 가진 천을 짤 수 있다. 이번 머그 러그들은 작은 러그 느낌으로 완성하였다.

위빙 계획

완성 사이즈
3개의 머그 러그 각각 19×21cm

직물 구조
플레인 위브 위부 직물

도구
1) 리지드 헤들룸: 8인치(20.5cm), 8dpi 리드
2) 스틱 셔틀 2개, 태피스트리 빗

준비물
로터리 커터와 커팅 매트, 여유 실

씨실 날실 준비

날실 밀도
8

위빙 폭
20.5cm

씨실 단 수
50

날실 길이
183cm(96.5cm의 여유분 포함)

날실 엔드 수
64

정경 방법
직접 정경

실 정보

날실
8/4 카펫 날실(1,463m/lb): 연녹색 106m

씨실
셀프 스트라이프 삭스, 스페이스 다이드, 그라데이션 울 혹은 울 혼방(약 1,828m/lb): 각각 100m

정경

1. 위빙 계획을 참고해 위빙룸에 직접 날실을 정경한다.

위빙

2. 2개의 셔틀을 감는다. 1개는 씨실을, 1개는 여유 실을 넉넉하게 감는다.

   참고: 위빙에 필요한 씨실 100m를 한꺼번에 셔틀에 감으면 실의 컬러가 온전하게 유지된다. 혹시 실이 모자라면 볼에 감긴 실을 풀어 다시 볼로 감고, 그것을 셔틀에 감는다. 그래야 실 컬러가 자연스럽게 연결된다.

3. 여유 실로 2.5cm 헤더 위빙해 날실들을 고르게 펼친다. (2장 참고)

4. 10cm 길이의 꼬리 실을 남기고 첫 단을 짠다. 리드를 다음 순서로 바꾸고 꼬리 실 5cm를 날실 사이에 끼워 넣는다. 꼬리 실 나머지는 날실 밖으로 뺀다.

5. 계속해 위빙하며 리드로 씨실을 단단하게 누른다. 2.5cm 짤 때마다 멈추고, 리드를 다음 위치로 바꾼다. 예를 들어 방금 리드를 위로 하고 위빙했다면, 이제 아래로 내린다.
   태피스트리 빗을 이용해 씨실을 단단하게 민다(2장 참고). 씨실 높이가 반으로 줄어들 만큼 강하게 누른다. 위빙하는 동안 씨실 각도를 알맞게 유지해, 끝 쪽에서 날실이 당겨지거나 씨실이 늘어져 고리가 생기지 않도록 주의한다.

6. 21.5cm를 위빙하고 2.5cm 이상을 여유 실로 짠다.

7. 머그 러그들 사이에 25.5cm 정도 날실을 위빙하지 않은 상태로 띄워 둔다. 술을 매듭짓거나 땋거나 '우븐 에지'로 마무리할 수 있게 충분히 여유를 준다.

8. 4-7단계를 2번 반복하여 머그 러그를 2개 더 짠다.

마무리

9. 완성된 천을 위빙룸에서 떼어 낸다. 머그 러그들 사이 날실도 자른다. 머그 러그들이 각각 같은 길이의 술을 갖게끔 자른다.

10. 술 마무리 방법을 선택한다(9장 참고). 아래 사진에서 보이는 샘플에서 가장 위 머그 러그는 '우븐 에지'로 마무리했다. 샘플처럼 끝에서 끝으로 마무리해도 되고, 각각 코너에 남는 실을 땋거나 중앙에서 끝내도 괜찮다. 두 번째 러그는 '4가닥 땋기' 방법으로 마무리해 술이 평평하게 마무리되었다. 마지막 머그 러그는 '엇갈린 매듭'으로 마무리했다.

11. 로터리 커터와 커팅 매트를 사용해, 원하는 길이로 술을 자른다. 남아 있는 꼬리 실들은 바짝 자른다.

12. 이 머그 러그들은 물세탁이 필요 없다. 시간이 지나 사용감이 느껴질 때 세탁을 하면 된다.
    러그를 중성 세제 한 스푼 넣은 미온수에 20분 담근다. 깨끗한 물로 바꿔 제품을 다시 담근 후, 부드럽게 휘저어 헹군다. 러그를 물에서 빼 타월에 말아 눌러 물기를 제거한다. 평평하게 눕혀 건조시킨다.

오버사이즈 머그 러그

혼합 날실 쿠션

여러 날실을 섞어 완성한 리사이클드 사리 실크(recycled sari silk) 위빙은 다양한 컬러와 질감을 만들어 인도 느낌이 난다. 다양한 날실을 섞는 위빙은 조금씩 남아 있는 실들을 소진하기 좋은 방법이다. 모헤어나 부클레 실 같이 질감 있는 실들을 쓰기에 알맞다. 가닥끼리 잘 붙는 실들을 깔끔하게 위빙하려면 굉장히 성근 날실 밀도를 갖거나 부드러운 실과 섞어 써야 한다.

위빙 계획

완성 사이즈
43×37cm

직물 구조
플레인 위브

도구
1) 리지드 헤들룸: 17인치(43cm), 8dpi 리드
2) 스틱 셔틀 2개

준비물
돗바늘, 바느질용 실과 바늘, 40.5×30.5cm 쿠션 솜, 여유 실

씨실 날실 준비

날실 밀도
8

위빙 폭
41.5cm

씨실 단 수
8

날실 길이
157.5cm(55.9cm의 여유분 포함)

날실 엔드 수
127

정경 방법
정경대 사용

실 정보

날실

스포츠 웨이트 울(1,211m/lb): 노란색 39m

모헤어 부클레(836m/lb): 파란색 39m

3합 워스티드 웨이트 울(1,538m/lb): 자주색 39m

워스티드 웨이트 실켓 가공 코튼(902m/lb): 장미색 41m

브러시드 모헤어(1,073m/lb): 그린 41m

씨실

워스티드 웨이트 리사이클드 사리 실크(376m/lb): 주얼톤 컬러 146m

바느질

레이스 웨이트(대바늘 1.5-2.25mm에 알맞는 굵기의 실-옮긴이) 비가공 코튼(1,463m/lb): 장미색 1.8m

폭 2.5cm 실크 리본: 주황색 1m

정경

1. 위빙 계획과 날실 차트를 참고하고, 정경대를 사용하여 날실을 정경한다.

참고: 질감 있는 실들은 팽팽히 당겨진 상태에서 리드를 들어야 날실 사이가 깔끔하게 벌어진다. 여러 종류의 실들을 섞어 쓴다면 질감 있어 잘 엉키는 실들 사이에 부드러운 실을 배치해야 한다. 잘 엉키는 실들은 한두 종류로 한정해 사용하는 것이 좋다. 날실이 깔끔하게 들어올려지지 않는다면, 위빙룸 앞쪽에 픽업 스틱을 끼우고 돌려 세우면 된다. 헤어 스프레이를 살짝 뿌리는 것도 도움이 된다.

위빙

2. 셔틀 1개에 씨실을 감고 나머지 셔틀에는 부드럽고 굵은 여유 실을 감는다.
3. 여유 실로 2.5cm 헤더 위빙해 날실들을 고르게 펼친다.(2장 참고)
4. 15cm의 꼬리 실을 남기고 첫 번째 바탕 씨실을 위빙한다. 두 번째 순서로 리드를 바꾸고, 꼬리 실을 5cm 정도 날실 사이에 끼워 넣는다. 꼬리 실의 나머지 부분은 날실 밖으로 뺀다.
5. 101.5cm를 위빙한다. 매번 날실 사이를 깔끔하게 벌리고 위빙하는 것이 좋다. 픽업 스틱으로 날실 사이를 벌리면 편리하다. 특히 프런트 롤러에 위빙 천을 감고 난 뒤에 더욱 유용하다. 실이 잘 붙는 경우, 위빙 시작과 끝 부분을 따로 고정하지 않아도 씨실이 빠지지 않는다. 예시에서 보이는 것처럼 짧은 술을 남겨 둘 수도 있다.

마무리

6. 완성된 직물을 위빙룸에서 떼어 낸다. 꼬리 실을 5cm로 자른다. 헤더를 제거한다.
7. 직물을 손세탁한다. 욕조나 큰 통에 미온수를 담는다. ⅛컵의 중성 세제나 헹굼이 필요 없는 세제를 더한다. 20분 정도 담그고 헹군다.
    물 밖으로 직물을 꺼내고, 물이 빠지도록 잠깐 들고 있는다. 직물을 타월과 함께 말아 눌러 물기를 제거한다. 이때 쥐어 짜지 않도록 주의한다. 깨끗한 타월 위에서 평평하게 눕혀 건조시킨다.
8. 손으로 천을 앞뒤로 문지르면 부클레 실의 질감이 살아난다.
9. 양쪽 술을 1.3cm로 자르고 남아 있는 꼬리 실들은 바짝 자른다.
10. 양쪽 직물 끝을 1.3cm 접고 다시 접어 날실을 감싼다. 감침질로 마무리한다.(9장 참고)
11. 직물의 세로 방향을 반 접고 핀으로 고정한다. 공그르기로 옆쪽 단을 같이 바느질한다(9장 참고). 감침질한 부분에서 멈추고, 쿠션 솜을 넣는다.
12. 실크 리본과 돗바늘을 사용해 1.3cm 러닝 스티치로 끝단을 함께 바느질한다. 마지막에 단 안쪽에서 매듭짓고 쿠션 안으로 숨긴다.

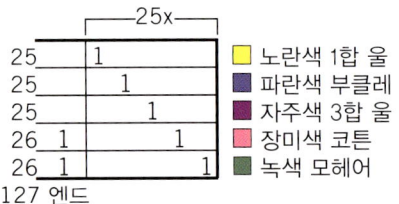

날실 차트

혼합 날실 쿠션

더블 위브 쿠션

//

튜브형 더블 위브를 이용하면 두 겹의 천을 한꺼번에 짤 수 있다. 두 겹은 바로 위에 겹쳐지고, 양쪽 식서에서 연결된다. 위빙룸에서 바로 튜브형 조직을 짤 수 있다. 위빙 시작과 동시에 위아래 겹 직물이 함께 고정되며, 날실 끝 쪽은 열린 구조가 된다. 한쪽 솔기만 바느질하면 쿠션이 완성된다. 이 구조는 다양한 컬러를 시도할 수 있게 한다. 두 겹 직물의 위쪽과 아래쪽에 다른 컬러의 날실을 쓸 수 있다.

위빙 계획

완성 사이즈
51×51cm

직물 구조
튜브형 더블 위브

도구
1) 리지드 헤들룸: 23인치(58.5cm), 8dpi 리드 2개
2) 스틱 셔틀 4개, 재봉틀(선택 사항)

준비물
50×50cm 쿠션 솜, 돗바늘, 여유 실, 바느질용 실과 바늘(선택 사항), 48.5cm 지퍼(선택 사항)

씨실 날실 준비

날실 밀도
16(한 겹에 8)

위빙 폭
55cm

씨실 단 수
8

날실 길이
101.5cm

날실 엔드 수
352

정경 방법
정경대 사용

실 정보

날실
4합 워스티드 웨이트 코튼 리넨 혼방 (915m/lb): 황갈색 125m, 미색 110m, 분홍색 125m

씨실
4합 워스티드 웨이트 코튼 리넨 혼방: 황갈색 108m, 분홍색 131m

더블 위브

더블 위브는 두 겹의 직물을 동시에 짤 수 있다. 두 층의 직물은 아래층 바로 위로 위층이 겹쳐 있다. 이 방법은 양쪽 식서가 열리거나, 두 겹이 한쪽 식서에서 연결되어 있거나, 양쪽이 연결되어 있거나, 컬러 블록으로 두 층이 상호 교환되거나, 네 가지 옵션을 같이 짤 수 있다.

더블 위브는 한쪽 식서만 연결되게 해서 위빙룸 폭의 2배로 직물을 짜거나 양쪽 식서를 모두 연결시켜 튜브 형태로 짜서 가방이나 쿠션으로 만들어도 좋다.(사진 1, 2)

더블 위브를 처음 시도할 때는 까다로울 수 있다. 대부분 사람들이 더블 위브용 실 선택을 가장 어려워한다.

날실 밀도

튜브 형태나 2배 폭 더블 위브는 두 겹의 직물을 함께 짠다. 이 패턴으로 위빙할 때는 최종 제품의 균형잡힌 플레인 위브의 밀도를 고려해 실을 고른다. 실질적으로 2개의 리드를 사용하기 때문에, 2.5cm 안에 평소보다 2배의 실이 들어간다. 2배의 실을 정경하고 위빙해야 하는 것이다. 날실이 굉장히 빡빡한 밀도로 셋업되는 만큼, 실들이 서로 잘 붙는다. 특히 울은 더 잘 붙는다.

실 종류별로 알맞은 날실 밀도를 계산하는 방법은 다음과 같다. 2.5cm 안에 같은 수의 날실과 씨실로 짜야 균형 잡힌 플레인 위브로 볼 수 있다. 자 둘레에 실을 적당한 장력으로 2.5cm 감는다. 그리고 날실 수를 반으로 나누면, 두 겹의 직물이 각각 어느 정도의 밀도로 위빙되는지를 가늠할 수 있다.

예를 들어 실이 2.5cm 안에 12번 감긴다면, 더블 위브로 위빙했을 때 날실 밀도는 6이다. 하지만 이 방법은 굉장히 대략적인 추정이다. 실의 종류, 구조와 용도 등의 다른 요인들이 날실 밀도에 영향을 준다.

잘 붙는 날실들을 완화시키기 위해서는 성근 날실 밀도나 균형 잡힌 플레인 위브의 날실 밀도보다 조금 적게 잡는다. 6장의 '허드슨 베이 블랭킷'에 쓰인 울 실의 알맞은 날실 밀도는 6이다. 하지만, 5dpi 리드를 쓰면 날실 사이에 움직일 수 있는 공간이 더 생긴다.

'더블 위브 쿠션'에 사용한 매끄러운 코튼 실이나 코튼 혼방사는 처음 더블 위브를 시도하는 사람에게 좋은 선택이 될 것이다. 이 두 종류의 실은 울보다는 덜 붙는다. 그리고 사이가 넓은 리드와 두꺼운 실로 더블 위브를 시도해 보는 것도 추천한다. 직물을 좀 더 빨리 짤 수 있으며, 무엇을 하고 있는지가 잘 보인다.

1

더블 위브는 두 층의 직물이 각각 짜인다.

2

더블 위브의 두 층은 식서에서 연결될 수 있다.

픽업 스틱 바꾸기

패턴에는 픽업 스틱 A를 어떻게 바꾸거나 올려야 하는지 표시되어 있다. 두 리드 모두 아래로 내리면, 날실들이 쌍으로 들리는 것을 볼 수 있다(사진 3). 두 쌍의 실들 중 어느 실을 픽업 스틱에 끼우는지에 따라, 다른 느낌으로 위빙된다.

각 쌍의 날실에서 왼쪽 실 픽업 스틱에 끼우면, 뒤쪽 리드의 구멍에 꿰인 실들이 위층으로 짜인다. 그리고 오른쪽 실 픽업 스틱에 끼우면, 앞쪽 리드의 구멍에 꿰인 실이 아래층으로 짜인다. 리드들을 아래로 내리면 사이 칸에 꿰인 실들이 들어 올려져 쉽게 픽업 스틱에 끼울 수 있다.

픽업 스틱 B를 끼울 때는 두 리드 모두 위로 올린다. 픽업 스틱 A를 리드 쪽으로 당겨 뒤쪽 리드에 닿게 한다. 픽업 스틱을 앞으로 당기면, 리드 뒤에서 날실이 두 층으로 나뉘어 벌어진다. 픽업 스틱 A가 끼워진 위쪽으로 작게, 그 아래쪽으로 크게 날실이 벌어진다. 아래쪽 날실이 크게 벌어진 공간에 픽업 스틱 B를 끼운다(사진 4). 날실이 깔끔하게 벌어지지 않는다면, 어느 부분에선가 날실들이 붙어 있다는 뜻이다. 날실 사이가 깔끔하게 벌어질 때까지 픽업 스틱 A를 앞뒤로 움직여 정리한다.

3
두 리드 모두 아래로 내리고, 올라온 날실을 들어 픽업 스틱 A를 끼운다.

4
픽업 스틱 B로 바꿀 때는 두 리드 모두 위로 올리고 픽업 스틱 A를 리드 쪽으로 당겨 뒷쪽 리드에 붙인다. 위쪽 날실과 아래쪽 날실 사이에 픽업 스틱 B를 끼운다.

정경

1. 알맞은 방법으로 2개의 리드 모두 정경한다(8장 참고). 날실 차트에 표시된 도식을 참고한다.

위빙

2. 2개의 셔틀에 각각의 씨실을 넉넉하게 감는다. 다른 셔틀에 14m의 분홍색 실을 감고, 나머지 셔틀에 여유 실을 감는다.

3. 부드러운 여유 실로 2.5-5cm의 헤더를 위빙해 날실들을 고르게 펼친다.(2장 참고)

픽업 스틱

4. 2개의 리드 모두 아래로 내린다. 리드 뒤에서 첫 번째 날실을 들고 번갈아 날실을 내리고 들어 픽업 스틱 A에 끼운다.

5. 2개의 리드를 모두 올린다. 리드 쪽으로 픽업 스틱 A를 당겨 뒤쪽 헤들에 붙인다. 헤들 뒤로 아래쪽에 날실이 크게 벌어진 사이에 픽업 스틱 B를 끼운다.

직물층 연결

6. 두 층의 직물은 플레인 위브로 연결된다. 2개의 리드를 모두 올리거나 내려야 한다. 날실 폭의 6배로 꼬리 실을 남기고, 황갈색의 씨실로 위빙을 시작한다. 황갈색 실로 2.5cm 플레인 위브를 짜고, 마지막 단은 리드를 내리고 위빙한다.

7. 헴 스티치로 위빙 시작 부분을 고정한다.

쿠션 위빙

8. 쿠션을 위빙하는 데는 4단계의 위빙이 반복된다. 먼저 튜브 더블 위브 패턴의 첫 단계를 위빙한다. 오른쪽에서 시작한다. 2개의 리드 모두 중립에 두고, 픽업 스틱 B를 돌려 세운다. 그리고 첫 단을 짠다.(아래층)

9. 픽업 스틱 B를 눕히고 위빙룸 뒤쪽으로 민다. 뒤쪽 리드를 위로 올리고 두 번째 단을 짠다.(위층)

10. 앞쪽 리드를 아래로 내리고 세 번째 단을 짠다.(위층)

11. 2개의 리드 모두 중립에 두고 픽업 스틱 A를 들어 4번째 단을 짠다.(아래층)

12. 8-11단계를 반복해 28.5cm를 황갈색 씨실로 위빙한다. 7.5cm 위빙 후 멈추고 양쪽 식서가 모두 연결되어 있는지, 실수로 두 층이 합쳐지진 않았는지 확인한다. 뒤쪽 리드를 위로 올리고 픽업 스틱 A를 앞으로 당겨 뒤쪽 리드에 닿게 한다. 이렇게 하면 두 층 사이가 벌어진다.

13. 분홍색 실로 8-11단계를 반복해 28.5cm를 위빙한다.

덮개 위빙

14. 양쪽 식서가 연결되지 않도록 각 층을 따로 5cm 위빙한다. 아래층, 위층을 각각의 셔틀로 짠다.

15. 사용하던 분홍색 실 셔틀은 계속해서 쓴다. 두 번째 셔틀로는 다음과 같은 방법으로 위빙을 시작한다.

    1) 사용하던 씨실로 패턴 위빙 첫 단을 위빙한다. 픽업 스틱 B로 들린 날실 사이를 위빙한다.

    2) 뒤쪽 리드를 위로 들고, 두 번째 셔틀을 오른쪽에서 날실 사이로 넣는다. 15.2cm 꼬리 실을 남긴다.

튜브 더블 위브 패턴

튜브 더블 위브는 아래의 4단계를 거친다.

1 픽업 스틱 B(아래층)
2 뒤쪽 리드 위(위층)
3 앞쪽 리드 아래(아래층)
4 픽업 스틱 A(위층)

3) 리드를 아래로 내리고 첫 번째 셔틀로 세 번째 단을 짠다.

4) 리드들을 중립에 두고, 픽업 스틱 A를 들고 두 번째 셔틀로 네 번째 단을 짠다. 이때 꼬리 실을 날실 사이로 집어 넣어 정리한다.

16 직물 끝은 헴 스티치로 끝내서 쿠션을 마무리할 때 씨실이 빠지지 않게 한다.

17 두 번째 셔틀의 씨실을 위빙 폭의 4배로 잘라, 날실 2엔드 씨실 2엔드 잡아 위층 직물을 헴 스티치로 마무리한다.

18 뒷쪽 리드를 위로 올리고 픽업 스틱 A를 위빙룸 앞쪽으로 밀어 뒷쪽 리드와 닿게 한다. 두 직물의 위쪽 층이 아래쪽 층 위로 들리게 한다.

19 위쪽 층 날실만 자르고 아래층은 위빙룸에 연결되어 있는 상태로 둔다. 그리고 아래층에 헴 스티치로 마무리한다.

마무리

20 완성된 천을 위빙룸에서 떼어 낸다. 꼬리 실들은 5cm로 자른다. 위빙이 안 된 부분이 있는지 확인하고, 문제가 있다면 세탁 전에 고친다.(9장 참고)

21 ¼컵의 중성 세제를 넣고 세탁기의 약한 코스로 세탁한다. 평평하게 눕혀 건조시킨다.

22 술은 헴 스티치로부터 6mm로 자른다. 남아 있는 꼬리 실들은 바짝 자른다.

23 쿠션 커버의 안팎을 뒤집어, 위빙 시작 때 플레인 위브로 두 층을 연결한 부분이 커버 안으로 들어가게 한다. 쿠션 솜을 넣는다.

24 두 층이 분리된 쪽 덮개를 쿠션 커버 안쪽으로 접는다. 단 처리를 위해 공그르기(9장 참고)나 지퍼를 달아 마무리한다. 나중에 커버를 벗겨 세탁하기 원하면 지퍼를 달아 마무리한다.

날실 차트

1) 컬러 순서를 지키며 뒤쪽 리드의 사이 칸마다 날실 4엔드를 꿴다. 황갈색, 분홍색 각각 34엔드씩 17개의 사이 칸에 꿴다. 미색 108엔드가 26 사이 칸에 통과된다. 미색, 분홍색 각각 2엔드씩 사이 칸 하나에 꿰고, 황갈색, 분홍색 각각 86엔드씩 43 사이 칸에 꿴다.

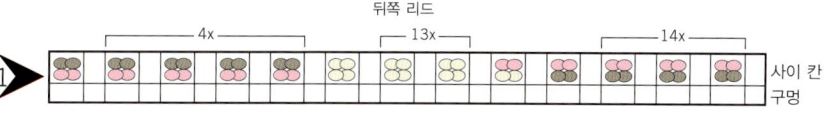

2) 컬러 순서를 지키며 헤들 구멍에 날실 1엔드씩 옮긴다. 동일한 리드에서 이미 채워져 있는 사이 칸의 오른쪽 헤들 구멍에 꿴다. 그리고 앞쪽으로 새 리드를 더한다.

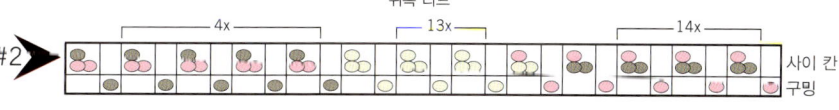

3) a) 3번 도식에서 보여지듯, 오른쪽에서 왼쪽으로 뒤쪽 리드 첫 번째 구멍에 꿰인 실을 앞쪽 리드의 동일한 위치에 있는 헤들 구멍의 오른쪽 사이 칸에 꿴다. b) 3번 도식을 가이드 삼아 뒤쪽 리드 사이 칸에 남겨진 날실들의 자리를 찾아 준다. 분홍색 날실은 앞쪽 리드 사이 칸에 미리 꿰인 분홍색와 합친다. 황갈색 날실은 앞쪽 리드의 사이 칸이나 구멍에 꿴다.

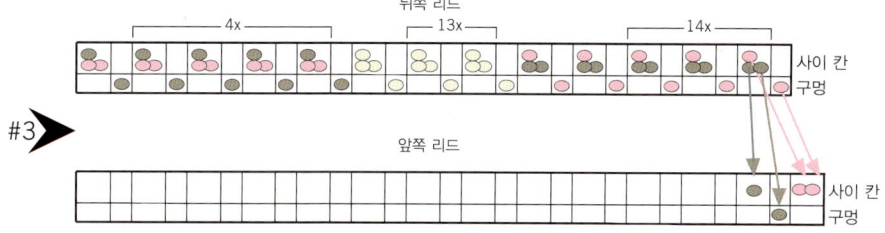

4) 4번 도식의 컬러 순서를 지키며 3단계의 a), b)를 반복한다. 뒷쪽 리드의 구멍에 꿰인 실은 앞쪽 리드에서 동일한 위치에 있는 헤들 구멍의 오른쪽 사이 칸으로 꿴다. 뒷쪽 리드 사이 칸에 꿰인 나머지 3엔드 날실들은 앞쪽 리드의 사이 칸, 구멍, 사이 칸에 꿴다.

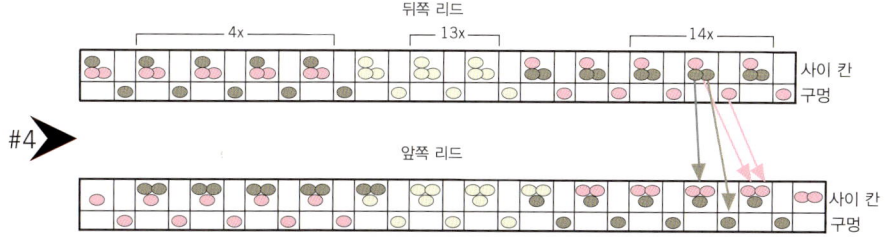

7장

욕실

욕실은 좀 더 눈에 띄는 패턴의 리넨 제품이 잘 어울리는 장소이다. 평범한 일상에 소소한 즐거움을 줄 것이다. 개인적으로는 화려한 패턴의 타월을 좋아한다. 손님들이 주방 행주보다는 디 일을 볼 학률이 더 높기 때문에, 타월을 좀 더 멋지게 만들려고 노력한다. 그리고 타월은 매일같이 즐거움을 주는 좋은 선물이 되며, 편안한 목욕 시간을 만들어 스파에 간 기분이 들게 한다. 욕실 매트는 기능적이면서도, 욕조 옆에 자리한 모습이 보기 좋다. 욕실을 밝게 꾸미는 좋은 방법이다.

리넨 타월

이 호화스러운 타월은 매일같이 즐거움을 주는 좋은 선물이 될 것이다. 리넨 실로 만들어 각질을 자극없이 제거해 주며, 피부를 매끄럽고 부드럽게 만들어 준다. 리넨 실은 위빙으로 타월을 만들기에 완벽한 재료이다. 리넨은 내구성이 좋으며, 세탁 후에 빠르게 마른다. 여기에, '윈도우팬' 구조는 리넨 실에 다른 무게로 작용해 패턴에 높낮이를 더한다. 이로써 수제품의 아름다움을 일상생활에 더해 줄 완벽한 질감을 가진 타월이 완성된다.

위빙 계획

완성 사이즈
2개의 타월 각각 27.5×26.6cm

직물 구조
윈도우팬

도구
1) 리지드 헤들룸: 13인치(33cm), 12dpi 리드
2) 스틱 셔틀 4개, 38cm 픽업 스틱

준비물
바느질용 실과 바늘, 여유 실, 올 풀림 방지액(선택 사항)

씨실 날실 준비

날실 밀도
12

위빙 폭
30.5cm

씨실 단 수
14

날실 길이
122cm(50.8cm의 여유분 포함)

날실 엔드 수
145(굵은 실 37, 가는 실 108)

정경 방법
정경대 사용

실 정보

날실
4합 스포츠 웨이트 습식 방사 리넨 (1,189m/lb): 옅은 연보라색 46m

2합 레이스 웨이트 습식 방사 리넨 (2,377m/lb): 연회색 132m

씨실
4합 스포츠 웨이트 습식 방사 리넨: 연보라색 20m

2합 레이스 웨이트 습식 방사 리넨: 연회색, 진회색 각각 51m

정경

1 위빙 계획과 날실 차트를 참고해 날실을 정경한다.

참고: 날실 처음과 끝 실을 사이 칸에 꿰야 한다. 그래야 가는 실로 윈도우팬 패턴이 짜인다.

위빙

2 각각의 셔틀에 연보라색, 연회색, 진회색 씨실을 감는다. 그리고 나머지 셔틀에 여유 실을 넉넉하게 감는다.

3 여유 실로 2.5cm 헤더 위빙해 날실을 고르게 펼친다.(2장 참고)

4 먼저 연회색으로 위빙한다. 위빙 폭 6배의 꼬리 실을 남긴다. 리드를 위로 들고, 첫 번째 단을 위빙한다.

5 7단 더 위빙하는데, 마지막 단은 리드를 아래로 내리고 짠다. 남겨 둔 꼬리 실을 사용해 날실 2엔드, 씨실 2엔드를 잡아 헴 스티치한다(9장 참고). 위빙 천을 위빙룸에서 떼어 낼 때 씨실이 움직이는 것을 방지하게 위해 위빙 시작 부분을 헴 스티치로 고정한다.

혹은 올 풀림 방지액을 대신 사용할 수도 있다. 이때 꼬리 실은 짧게 남겨 위빙하는 데 끼워 넣어 마무리한다.

참고: 위빙 천 마무리는 위빙룸에서 떼어 내기 전에 하는 것이 중요하다. 리넨 실로 짠 레이스 구조에서는 직물에서 씨실이 쉽게 풀려 나올 수 있기 때문이다. 위빙룸에서 직물을 떼어 낼 때나 단 처리를 위해 날실을 자를 때 씨실이 풀릴 수 있다.

6 리드를 아래로 내리고 픽업 스틱을 끼운다. 리드 뒤에서 연보라색 실들을 픽업 스틱에 끼운다.

패턴 반복

7 두꺼운 연보라색 실을 포인트 컬러로 사용해 윈도우팬 패턴을 위빙한다.

1) 리드 위: 리드를 올리고 연회색 1단 짠다.

2) 픽업 스틱: 리드를 중립에 두고 픽업 스틱을 돌려 세운다. 그 사이로 연보라색을 짠다. 식서 부분을 깔끔하게 위빙하고 싶다면 양쪽 식서 실에서 세 번째 날실을 손으로 들면 좋다. 실 가르기(2장 참고)를 사용해 꼬리 실을 정리한다.

3) 리드 위: 리드를 위로 올리고 연회색으로 위빙한다.

4) 리드 아래: 리드를 아래로 내리고, 연회색으로 위빙한다.

5) 리드 올리고 픽업 스틱: 리드를 위로 올리고 픽업 스틱이 리드에 닿을 때까지 당긴다. 이때 픽업 스틱은 돌려 세우지 않는다. 연회색으로 위빙한다.

6) 리드 아래: 리드를 내리고 연회색으로 위빙한다.

참고: 포인트 컬러 씨실은 다시 위빙할 때까지 식서 실과 같이 위빙한다.

8 패턴 1-6단계를 26번 반복한다.

9 마지막으로 윈도우팬 시작 부분 두 단계를 위빙한다. 1)리드 위, 2) 픽업 스틱 단계를 짠다. 그래야 포인트 컬러 실로 마무리할 수 있다. 포인트 컬러 실을 자르고 실 가르기 방법으로 마무리한다.

10 가는 씨실로 플레인 위브 8단을 짠다. 직물 길이가 약 33cm가 될 것이다.

11 헴 스티치 1단이나 올 풀림 방지액으로 마무리한다.

12 여유 실로 5cm 위빙한다.

13 4-12단계를 반복해 두 번째 리넨 타월을 만든다. 연회색 대신 진회색으로 위빙한다.

마무리

14 완성된 천을 위빙룸에서 떼어 낸다. 타월도 각각 잘라 내고, 꼬리 실들은 5cm로 자른다. 헴 스티치에서부터 6mm 길이로 날실을 자른다.

15 직물을 뒤집어 놓는다. 위빙하며 보아 온 곳이 윗면이다. 직물 끝 씨실 2단 위로 접고, 다시 6mm 접어 술을 감싼다. 비슷한 컬러의 실로 감침질해서 마무리한다.(9장 참고)

16 일반 세제를 넣고 세탁기에서 약한 코스로 온수 세탁한다. 일반 타월을 같이 세탁하면 좋다. 직물에 부가적인 자극을 주어 실들이 잘 자리 잡도록 돕고, 세탁기의 회전에서 직물을 보호한다. 평평하게 눕혀 건조시킨다. 남아 있는 꼬리 실들은 바짝 자른다.

윈도우팬 패턴

윈도우팬 패턴은 다음 6단계를 거쳐 완성된다.

1 리드 위
2 픽업 스틱(포인트 컬러 씨실)
3 리드 위
4 리드 아래
5 리드 위 픽업 스틱
6 리드 아래

위빙 차트

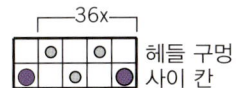

● 굵은 연보라색
● 가는 연회색

보더 패턴 핸드 타월

플레인 위브 위에 화려한 보더 패턴(직물 끝 쪽에 스트라이프를 배치한 패턴-옮긴이)을 짜는 것은, 컬러와 패턴을 재미있게 응용하기 좋은 방법이다. 복잡한 패턴을 몇 센티미터만 짜도 바탕 천 위에서 눈에 확 띈다. 어떤 픽업 패턴도 이 방법을 이용해 위빙이 가능하다. 이 핸드 타월의 경우 앞면의 패턴 못지 않게 뒷면 또한 흥미로워, 양면 모두 사용 가능하다.

위빙 계획

완성 사이즈
2개의 타월 각각 33×53.5cm

직물 구조
픽업, 플레인 위브

도구
1) 리지드 헤들룸: 16인치(40.5cm), 10dpi 리드
2) 스틱 셔틀 5개, 40.5cm 픽업 스틱

준비물
바느질용 실과 바늘, 여유 실

씨실 날실 준비

날실 밀도
10

위빙 폭
38cm

씨실 단 수
플레인 위브 10, 패턴 22

날실 길이
193cm(58.5cm의 여유분 포함)

날실 엔드 수
151

정경 방법
직접 정경

실 정보

날실
3/2 비가공 코튼(1,152m/lb): 갈색 293m

바탕 씨실
3/2 비가공 코튼: 갈색 168m

패턴 씨실
3/2 비가공 코튼: 옅은 연녹색, 연녹색 각각 14m

8/2 비가공 코튼(3,072m/lb): 갈색 57m

정경

1 위빙 계획을 참고해 위빙룸에 직접 정경한다.

참고: 양쪽 식서 날실들은 헤들 구멍에 꿰어야 사이 칸에서 생기는 픽업 패턴이 균형있게 위빙된다.

위빙

2 4개의 셔틀을 감는다. 각각의 셔틀에 3/2 코튼 바탕 씨실, 8/2 갈색 패턴 씨실, 3/2 옅은 연녹색, 연녹색 패턴 씨실, 여유 실을 감는다.

3 다음과 같이 표시된 페이퍼 가이드를 준비한다.(2장 참고) 4.5cm 단 처리 스티치, 5cm 바탕 플레인 위브, 7cm 패턴, 45.5cm 바탕 플레인 위브, 4.5cm 단 처리

4 여유 실로 2.5cm 헤더 위빙해 날실들을 고르게 펼친다.(2장 참고)

5 위빙 폭의 6배를 꼬리 실로 남기고, 리드를 위로 들고 위빙을 시작한다. 갈색 8/2 코튼 실로 4.5cm 단 처리를 위한 부분을 위빙한다.

6 꼬리 실을 돗바늘에 꿰어 자수 스티치(9장 참고)로 시작 부분을 고정한다.

7 8/2 갈색 코튼 실을 마무리하고, 굵은 3/2 코튼 갈색 씨실로 바꿔 플레인 위브 5cm를 짠다. 리드를 내리고 마지막 단을 짠다.

8 3/2 코튼을 마무리하고, 8/2 갈색 코튼 씨실로 보더 패턴 위빙을 시작한다.

패턴 반복

9 리드를 아래로 내리고, 사이 칸에 꿰인 실들을 다음과 같은 방식으로 든다.
3엔드 위, 1엔드 아래, 1엔드 위, 1엔드 아래, 4엔드 위
[1엔드 아래, 1엔드 위]×2
1엔드 아래, 5엔드 위
[1엔드 아래, 1엔드 위]×3
1엔드 아래, 6엔드 위
[1엔드 아래, 1엔드 위]×4
1엔드 아래, 6엔드 위
[1엔드 아래, 1엔드 위]×3
1엔드 아래, 5엔드 위
[1엔드 아래, 1엔드 위]×2
1엔드 아래, 4엔드 위, 1엔드 아래, 1엔드 위, 1엔드 아래, 3엔드 위

10 리드를 위로 올리고, 8/2 갈색 코튼과 연녹색 실로 첫 번째 핸드 타월 보더 패턴을 시작한다. 연녹색으로 같은 픽업 패턴 단이 연이어 여러 번 반복될 때가 있다. 이때 씨실로 마지막 식서 실을 꼭 감싸야 가장자리까지 씨실이 위빙되며, 씨실이 빠지지 않는다.

위빙하고 있는 실과 쓰지 않는 실을 교차시킨다.

11 연녹색 실은 옅은 연녹색으로 교체하여 보더 패턴을 한 번 더 반복한다.

12 3/2 코튼 바탕 씨실로 플레인 위브를 45.5cm 짠다.

13 마지막으로 8/2 갈색 코튼 씨실로 4.5cm 짠다.

14 자수 스티치를 한 단 완성해 마무리한다.(9장 참고)

15 5cm 정도 날실을 띄우고 첫 번째 타월과 동일하게 5-14단계를 반복하되, 보더 패턴의 녹색 순서를 반대로 하여 두 번째 타월을 위빙한다.

마무리

16 완성된 천을 위빙룸에서 떼어 낸다. 꼬리 실들은 5cm로 자른다. 술은 6mm로 자른다.

17 직물 끝은 6mm로 접고 다시 1.3cm로 접어 술을 감싼다. 바느질을 위해 핀으로 고정한다. 비슷한 컬러의 실로 재봉틀이나 감침질로 마무리한다.(9장 참고)

18 일반 세제를 넣고 세탁기 약한 코스에서 찬물 세탁한다. 약하게 탈수해 직물에 물기가 있는 상태로 꺼낸다. 자연 건조시킨다. 남아 있는 꼬리 실들은 바짝 자른다.

참고: 찬물에 베이킹 소다 1 스푼을 더하면, 천연 착색 코튼의 컬러를 더 진하게 만들어 준다.

핸드 타월 보더 패턴

8/2 갈색 패턴 씨실과 3/2 옅은 연녹색, 연녹색 패턴 씨실을 이용해 다음과 같이 위빙하여 보더 패턴을 완성한다.

1 리드 위(갈색)
2 픽업 스틱(옅은 연녹색/연녹색)
3 리드 위(갈색)
4 리드 아래(갈색)
5 픽업 스틱×2(옅은 연녹색/연녹색)
6 리드 위(갈색)
7 리드 아래 (갈색)
8 픽업 스틱×3(옅은 연녹색/연녹색)
9 리드 위(갈색)
10 리드 아래(갈색)
11 픽업 스틱×4(옅은 연녹색/연녹색)
12 리드 위(갈색)
13 리드 아래(갈색)
14 픽업 스틱×3 (옅은 연녹색/연녹색)
15 리드 위(갈색)
16 리드 아래(갈색)
17 픽업 스틱×2(옅은 연녹색/연녹색)
18 리드 위(갈색)
19 리드 아래(갈색)
20 픽업 스틱(옅은 연녹색/연녹색)

크록브래드 러그

남은 니트 천을 활용하면 좋은 래그 러그를 만들 수 있다. 버려지는 물건에서 다양한 밝은 컬러의 러그 실로 재활용할 수 있다. 이번 작업에서는 두 가지 컬러의 니트 자투리를 이용해 밝고 비전통적인 크록브래드(스웨덴의 전통 패턴 중 하나-옮긴이) 러그를 완성했다. 크록브래드는 위부 트윌 직물로 앞뒤가 놀랍게 다른 패턴으로 위빙된다. 이번 작업을 통해 다양하게 패턴 변형이 가능한 크록브래드 구조의 매력에 빠지게 될것이다.

위빙 계획

완성 사이즈
41.5×73.5cm

직물 구조
크록브래드

도구
1) 리지드 헤들룸: 21인치(53cm), 5dpi 리드
2) 46cm 스틱 셔틀 4개, 7.5cm S자 후크 2개, 태피스트리 빗, 51cm 템플, 헤들 막대, 실 헤들 25개, 픽업 스틱 2개

준비물
돗바늘, 바느질용 실과 바늘, 올 풀림 방지액, 40.5×72cm의 미끄럼 방지 패드, 여유 실

씨실 날실 준비

날실 밀도
5

위빙 폭
52cm

씨실 단 수
10

날실 길이
142cm(63.5cm의 여유분 포함)

날실 엔드 수
103

정경 방법
직접 정경

실 정보

날실
8/4 카펫 날실 코튼(1,463m/lb): 연노란색 146m

씨실
8/4 카펫 날실 코튼: 연노란색 73m

니트 래그(73m/lb): 주황색 68m, 파란색 115m

정경

1. 위빙 계획을 참고해 위빙룸에 직접 정경한다. 양쪽 식서 날실들은 헤들 구멍에 꿴다.
2. 식서 실들에 7.5cm S자 고리를 걸어 무게를 더한다. 고리들은 위빙룸 뒤쪽에 건다.(2장 참고)

위빙

3. 2개의 스틱 셔틀에 각각의 니트 래그를 감는다. 1개 스틱 셔틀에는 카펫 날실을 감고, 나머지 셔틀에는 여유 실을 감는다.
4. 7.5cm의 헤더를 부드럽고, 두꺼운 여유 실로 위빙한다.(2장 참고)
5. 러그 시작 부분에 노란색 카펫 날실로 헤더 위빙한다. 꼬리 실을 위빙 폭의 6배로 남긴다. 3.2cm 위빙하고, 태피스트리 빗으로 씨실을 눌러 날실을 가린다.(2장 참고)
6. 남겨 둔 꼬리 실로, 날실 4엔드와 씨실 2단을 잡아 헴 스티치 1단 만든다.(9장 참고) 스티치 마다 올 풀림 방지액을 발라, 날실들이 마무리할때까지 움직이지 않게 한다. 이 끝은 제품 완성시 보이지 않게 될 부분이다. 카펫 날실 위빙은 마무리한다.
7. 크록브래드 패턴에 맞춰 픽업 스틱과 헤들 막대를 건다.
8. 15cm의 꼬리 실을 남기고 주황색 실로 첫 번째 단을 짠다. 씨실을 누른 다음, 리드 순서를 바꾸지 않은 채 주황색 실로 식서 실을 감싸며 날실 사이로 넣는다. 러그 뒤편에 2.5cm 꼬리 실을 남겨 둔다. 이 꼬리 실은 나중에 잘라 낸다.
9. 주황색 씨실을 시작한 곳 반대편에서 파란색 씨실 위빙을 시작한다. 꼬리 실을 남겨 주황색 첫 단과 동일한 방법으로 마무리한다.
10. 위빙 차트를 따라 계속해서 위빙한다. 세 가지 픽업 패턴을 반복해 크록브래드 패턴을 완성한다.
11. 위빙 차트를 10번 반복한다.
12. 파란색 씨실을 마지막으로 위빙하고 꼬리 실을 파란색 씨실 마지막 단에 12.5cm 같이 넣는다. 그리고 실 끝을 러그 뒤로 빼 자른다. 주황색 실로 픽업 스틱 A 1단을 더 짜고, 파란색 실 마무리와 동일하게 주황색도 끝낸다.
13. 노란색 카펫 날실로 3.2cm 위빙하고, 헴 스티치와 올 풀림 방지액으로 마무리한다.

마무리

14. 완성된 천을 위빙룸에서 떼어 낸다. 여유 실로 짠 헤더를 제거하고, 남아 있는 꼬리 실들은 바짝 자른다.
15. 직물 양쪽 끝을 6mm로 접고, 다시 한 번 접어 카

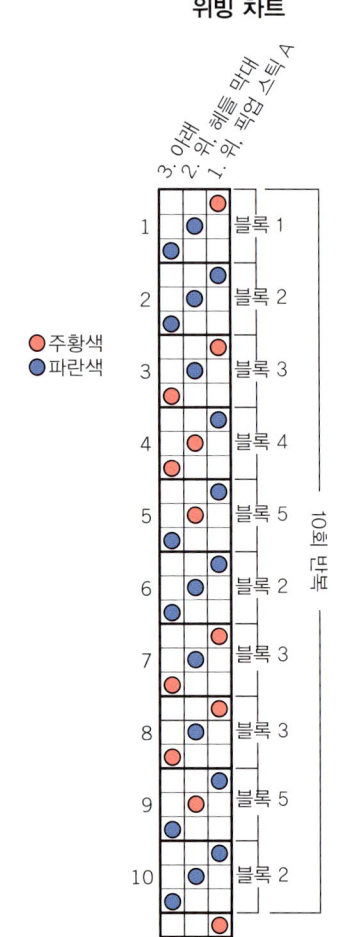

펫 날실로 짠 헤더가 패턴과 만나게 한다. 감침질로 마무리한다.(9장 참고)

16 러그를 세탁으로 마무리할 필요는 없다. 사용 후 세탁이 필요한 경우, 적은 양의 중성 세제를 더한 미온수에 러그를 담근다. 물 안에서 러그를 부드럽게 휘젓는다. 깨끗한 물로 바꾸고, 다시 러그를 휘저어 헹군다. 러그를 물에서 꺼내, 두꺼운 타월에 말아 물기를 제거한다. 평평하게 눕혀서 말린다.

안전을 위해, 특히 욕실 안에서는 러그보다 조금 작은 사이즈의 미끄럼 방지 패드를 러그 밑에 꼭 깔아야 한다.

크록브래드 패턴

크록브래드 패턴은 3단계의 픽업 패턴이 반복된다.

1 리드 위, 픽업 스틱 A: 리드를 위로 올리고 픽업 스틱을 헤들 뒤에 바로 붙도록 앞으로 당긴다.
2 리드 위, 헤들 막대: 리드를 위로 올리고 헤들 막대를 들어 날실들을 든다.
3 리드 아래: 리드를 아래로 내린다.

크록브래드 위빙은 위빙을 촘촘하게 해야 패턴이 제대로 드러난다.

크록브래드 위빙

크록브래드는 멋진 패턴이지만, 익숙해지기 전까지는 위빙 차트 읽기가 쉽지 않다. 위부 직물 패턴으로 트윌과 비슷하게 위빙되는 듯하나, 세 번째 단마다 플레인 위브 단이 들어온다. 리지드 헤들룸에서는 1개의 리드와 2개의 픽업 스틱을 사용해 3 샤프트 크록브래드 패턴이 가능하다. 헤들 막대를 사용해 매번 픽업 스틱을 다시 끼우는 수고를 덜 수 있다.

셋업

크록브래드 패턴에는 2개의 픽업 스틱과 실 헤들 25개, 1개의 헤들 막대가 필요하다.

픽업 스틱 A

리드를 아래로 내리고, 사이 칸에 끼워진 날실들을 1엔드는 위로, 1엔드는 아래로 내린다. 날실 전체를 끼우고 마지막 날실을 아래로 내린다. 픽업 스틱은 리드 뒤에서 끼운다.

헤들 막대

리드를 여전히 아래로 두고 픽업 스틱 A와 반대로 실을 든다. 1엔드 내리고, 1엔드 올린다. 올린 날실 엔드들을 픽업 스틱 B에 끼운다. 리드를 중립에 두고 픽업 스틱 B에 올려진 날실들을 헤들 막대로 옮긴다.(2장 참고)

위빙

크록브래드는 3단계로 위빙된다.

1 리드 위, 픽업 스틱 A
2 리드 위, 헤들 막대
3 리드 아래

씨실 단들이 평소와 다르게 쌓일 것이다. 패턴 위빙을 3번 반복하면 일반적으로 패턴 3단이 쌓여야 하지만, 크록브래드는 2단의 패턴만 완성된다.

이 직물 구조는 굉장히 기발하다. 첫 2단에서 3샤프트 트윌이 위빙되지만, 계속해서 트윌이 짜이진 않는다. 트윌 2단 뒤에 플레인 위브 1단이 나온다. 트윌 2단들이 1단의 플레인 위브를 덮어, 특별한 패턴을 보여 준다.

크록브래드는 위부 직물 패턴으로, 씨실을 태피스트리 빗으로 자주 눌러야 한다. 그래야 패턴이 제대로 드러난다. 촘촘한 씨실보다 성근 느낌이 좋다면 씨실을 누르지 않아도 괜찮다. 4장의 '재활용 천 래그 러그'와 비슷한 느낌을 갖게 된다.

크록브래드 러그

8장

리지드 헤들룸 정경

리지드 헤들룸 정경 방법에는 두 가지가 있다. 위빙룸에 직접 정경하는 방법과 정경대를 사용하는 방법이다. 직접 정경은 가장 빠른 방법으로 실 막대(리지드 헤들룸에 직접 정경할 때, 날실을 필요 길이만큼 고정하는 도구-옮긴이)를 이용한다. 정경대를 사용하는 방법은 좀 더 활용도가 좋다. 이 방법들은 하나 이상의 리드를 정경할 때 이용 가능하다.

정경 방법 선택

리지드 헤들룸을 사용하는 많은 사람들이 직접 정경 방법을 주로 배우고, 이 방법만을 유일하게 사용한다. 문제될 것은 없지만, 다른 정경 방법을 알고 있으면 위빙 작업에 더 도움이 될 것이다. 직접 정경만으로도 완벽한 정경이 가능하지만, 다른 방법을 활용하면 좀 더 편리하게 정경할 수 있다.

직접 정경은 배우기 쉽고 빠르다. 리지드 헤들룸에 특화된 방법이며, 최소한의 도구만을 필요로 한다.

정경대 사용 정경은 다른 종류의 위빙룸에서도 쓰이는 방법이다. 단계가 좀 더 나누어 있고, 시간이 더 걸리며, 도구도 좀 더 필요하다. 좁은 공간에서도 작업 가능하며, 직접 정경보다 날실을 더 길게 정경할 수 있다. 가늘거나 굵은 날실도, 복잡한 컬러 순서나 홀수의 날실도 더 쉽게 정경 가능하다.

다음과 같이 정경 방식을 결정할 수 있다.

직접 정경

- 단일 컬러로 이루어진 1올의 날실
- 날실 길이가 2.7m 이하로 짧은 경우
- 날실 엔드가 짝수로 이루어진 스트라이프 패턴

정경대 사용

- 2.7m 이상의 긴 날실
- 복잡한 컬러 순서
- 혼합 날실
- 날실 엔드가 홀수로 이루어진 스트라이프 패턴

2개 리드 정경

2개의 리드를 사용하면 촘촘한 천을 짤 수 있으며, 트윌이나 더블 위브 같은 실용적인 패턴도 가능해진다. 2개의 리드 정경은 직접 정경이나 정경대 사용 모두 가능하다. 2개 리드 정경도 1개의 리드를 정경하는 것과 방법은 같다. 단일 컬러의 날실은 직접 정경이 편리하며, 복잡한 순서의 날실은 정경대 사용을 추천한다. 정경대를 사용하면 직접 정경과 달리 백 롤러 쪽에서도 날실을 묶어야 한다. 이로 인해 날실 전체에 일정한 장력을 주는 것이 어려울 수도 있다. 날실을 프런트 롤러에 묶을 때 좀 더 팽팽하게 당겨 묶는다면 이 장력 문제를 줄일 수 있다.

직접 정경

셋업

리지드 헤들룸, 알맞은 사이즈의 리드, 여러 개의 클램프, 실 막대, 후크, 날실, 가위, 크래프트지, 줄자가 필요하다.(사진 1)

1. 클램프로 위빙룸을 고정한다. 편안한 높이와 평평한 표면에 고정한다. 위빙룸 앞쪽으로 적당한 거리를 띄우고 정경 실 막대도 고정한다(사진2). 위빙룸의 백 스틱(위빙룸 뒷편의 백 롤러와 연결된 막대로, 여기에 날실을 고정한다.-옮긴이)과 정경 실 막대 사이 길이가 날실의 길이가 된다.

   혹시 위빙룸에 백 빔이 있다면, 백 스틱이 빔 위쪽으로 자리해야 한다. 백 스틱을 조정해 백 롤러와 백 스틱이 수평을 이루게 한다.

1

직접 정경을 위한 기본적인 도구들을 준비한다.

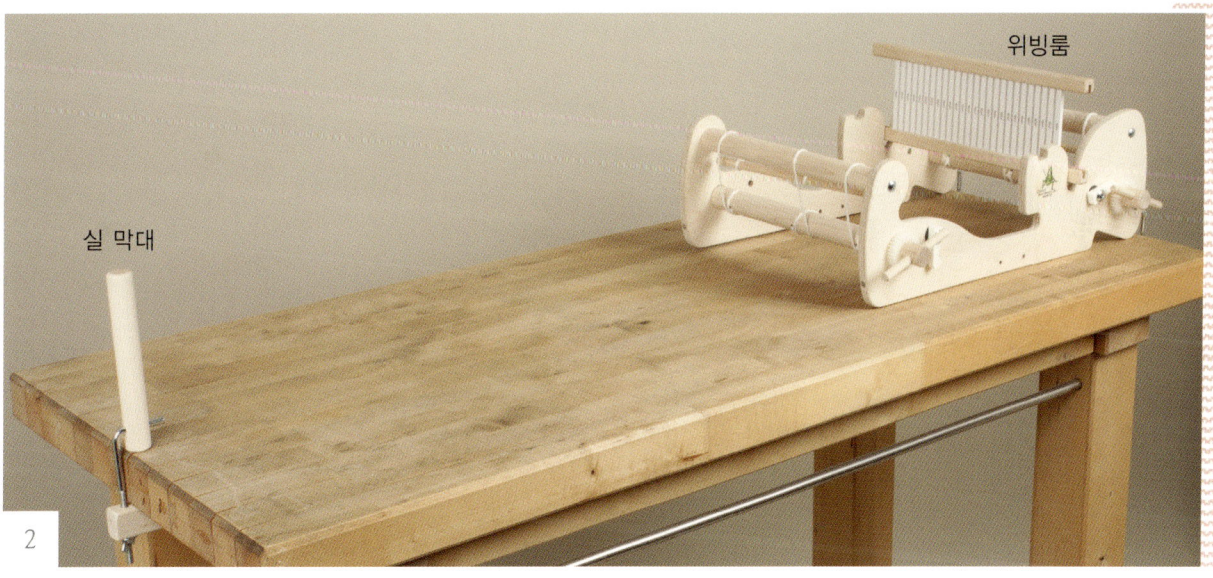

2

위빙룸과 실 막대를 테이블 위에 원하는 날실 길이로 위치시킨다.

리지드 헤들룸 정경

3 백 스틱에 날실을 묶고 알맞은 사이 칸과 일직선으로 자리하게 한다.

2 날실을 백 스틱 가까운 쪽의 바닥에 둔다. 그리고 리드의 중심을 찾는다. 리드의 중심에서부터 원하는 위빙 폭의 반만큼 이동해 날실을 꿰기 시작할 부분을 찾을 수 있다. 이 방법을 써야 위빙룸의 중심에서 직물이 짜인다(날실이 리드의 중심에 위치해야 장력 문제가 생기지 않는다.-옮긴이). 백 스틱에 날실을 묶는다. 이때 날실을 꿸 첫 사이 칸과 일직선이 되는 부분에 날실을 묶는다.(사진 3)

리드 사이 칸에 날실 꿰기

3 날실 고리를 끌어와 첫 번째 사이 칸에 통과시킨다. 그리고 테이블 반대쪽에 있는 실 막대까지 날실을 끌어와 막대에 실 고리를 끼운다.(사진 4)

4 뒷쪽 백 스틱으로 돌아와 실을 백 스틱에 감아 돌린다(백 빔에 감지 않게 주의 한다.). 다음 날실 고리를 잡아 첫 번째 칸의 바로 옆에 자리한 다음 사이 칸에 통과시킨다. 그리고 실 막대에 실 고리를 끼운다. 리드 중심 방향으로 계속해서 실을 꿴다.(사진 5)

참고: 백 스틱에 실을 돌릴 때 방향은 관계없다. 가장 중요한 것은 실을 제대로 막대에 감아 돌려야 한다는 점이다. 백 스틱 연결 끈에 닿으면, 끈 너머로 날실을 가져와 계속 진행한다.

후크를 이용해 날실을 사이 칸에 통과시켜 당긴다.

날실을 백 스틱에 돌려 감는다.

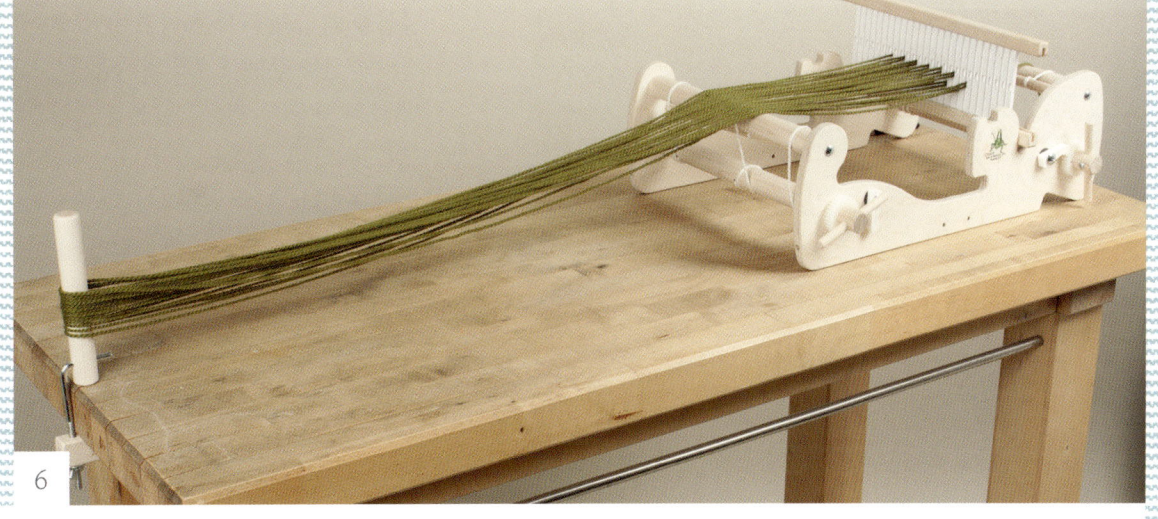

모든 사이 칸에 날실들을 꿰면 이제 날실들은 직물 빔에 묶일 준비가 되었다.

5 원하는 위빙 폭을 다 채울 때까지 같은 방법으로 날실을 꿴다(사진 6). 실을 자르고 실 끝을 백 스틱에 묶는다. 이때 오버핸드 매듭(9장 참고)으로 묶는다.

백 롤러에 날실 감기

6 실 막대에서 날실을 들어 올려 실 고리들을 자른다. 그리고 오버핸드 매듭으로 전체 날실 다발을 묶어야 실들을 개별적으로 당기는 실수를 방지할 수 있다. 바닥이나 테이블에 실 끝을 떨어뜨린다.

7 크래프트지를 백 롤러와 날실들 사이에 두고 롤러를 감아 날실들이 종이 위에 감기도록 한다(크래프트지 하나를 다 감으면, 다음 종이를 준비해 연이어 사용한다. 그래야 날실들끼리 붙지 않고 일정한 장력을 유지할 수 있다.-옮긴이). 날실을 감는 동안 종종 멈춰 매듭으로 묶어 둔 쪽에서 실을 당긴다. 그래야 날실들이 롤러에 느슨하게 감기지 않는다(사진 7). 손가락으로 날실을 빗지 않아야 한다. 실이 엉키면 날실 전체를 한 손으로 잡고 살살 흔들어 푼다.(사진 8)
날실이 리드 앞으로 30.5cm 남았을 때 멈추고, 묶어 두었던 날실 다발의 오버핸드 매듭을 푼다.

백 롤러를 감을 때 롤러와 날실 사이에 크래프트지를 끼워 날실과 종이를 같이 감는다.

실을 잡아 당겨 느슨해진 부분을 없앤다.

헤들 구멍에 날실 꿰기

8 한쪽 가장자리에서 시작해 다른 쪽 가장자리로 진행한다. 각각의 사이 칸에 끼워진 2엔드의 실 중 하나를 가져와 사이 칸 옆 헤들 구멍에 끼운다.(사진 9)

위빙룸 앞쪽 백 스틱에 실 묶기

9 위빙룸의 중심에서부터 날실들을 묶는다. 날실들을 2.5cm 정도의 간격으로 잡아 같이 묶는다. 함께 잡은 날실들을 반 나눠, 각각 프런트 스틱 위에서 스틱 아래로 돌리며, 실 끝을 바깥쪽으로 빼 날실 위로 가져온다. 그리고 한 번만 묶는다.(사진 10, 11)

10 같은 방법으로 반대쪽 날실들도 묶는다. 모든 날실들을 프런트 스틱에 묶는다.

11 한쪽 가장자리부터 시작해 다른 쪽 가장자리로 진행하며 한 번 더 매듭을 묶어 고정한다. 실 끝을 잡아당겨 매듭을 조인다. 손바닥으로 날실들을 눌러 실이 일정한 장력을 받는지 확인한다. 그리고 매듭을 마저 묶어 고정한다.(사진 12)

9

사이 칸에서 1엔드를 빼서 옆 헤들 구멍에 꿴다.

10

날실 끝을 프런트 스틱에 스퀘어 매듭 반만 묶는다.

11   12

일정한 장력을 위해 매듭을 조이고, 스퀘어 매듭을 마저 묶는다.

날실을 감고 페어 위빙을 시작할 준비가 되었다.

정경대 사용 정경

셋업
정경대, 기준 실, 후크, 줄자, 크래프트지, 가위, 날실이 필요하다.

기준 실 감기
1. 먼저, 날실과 반대되는 컬러의 실로 원하는 날실 길이만큼 정경대에 감아 '기준 실'을 만든다.
2. 날실로 사용할 실은 바닥에 둔다. 그리고 기준 실이 끝난 지점에서 날실 1엔드를 슬립 매듭(당기면 풀리는 매듭-옮긴이)으로 묶는다.

날실 감기
3. 정경대 막대가 2개 남을 때까지 기준 실을 따라 날실을 감는다. 그리고 남아 있는 두 막대 사이에 날실을 X자로 교차시킨다. 그래야 날실의 순서가 섞이지 않는다.(사진 14)

   먼저, 두 번째 막대 위에서 첫 번째 막대 아래로 실을 감는다. 첫 번째 막대를 돌아, 첫 번째 막대 위에서 두 번째 막대 아래로 실을 감는다.
4. 이미 감겨 있는 날실을 따라 실을 감는다. 마지막 막대까지 돌아오면 막대를 돌아 나시 첫 번째 막대 방향으로 실을 감는다. 이때 이전과 동일한 방법으로 실을 교차시킨다.
5. 총 날실 엔드의 수만큼 같은 방법으로 계속 실을 감는다. 날실을 다 감으면 마지막 막대를 몇 번 돌려 실을 고정한다. 그리고 실을 자른다.
6. 위빙룸 뒷쪽 백 롤러에서 프런트 스틱까지의 길이를 잰다. 정경대의 마지막 막대를 기준으로 날실을 같은 길이로 잰다. 그리고 그 자리에 실을 묶어 표시한다. 기준 실로 사용했던 컬러로 묶는다.(사진 15)

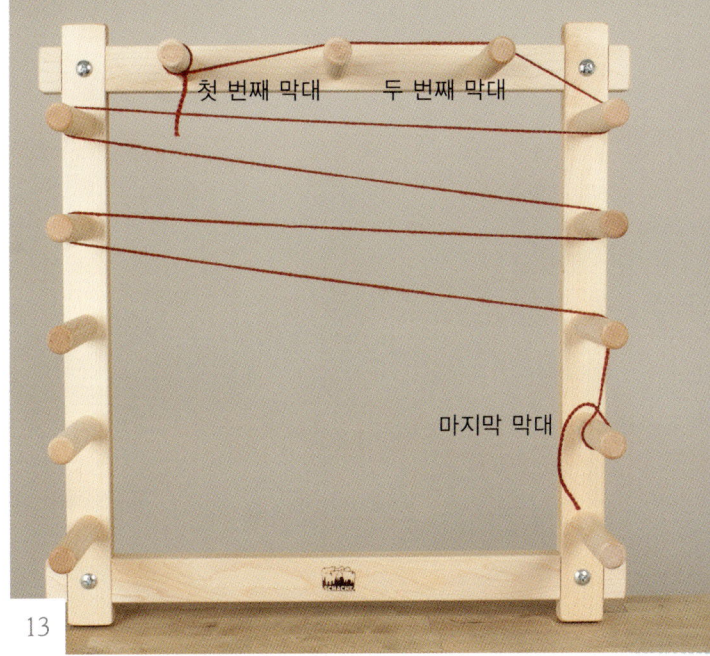

13

정경대에 기준 실을 감는다.

14

기준 실을 따라 날실을 감는다.

15

모든 날실을 감으면 반대되는 컬러의 실로 날실을 묶는다.

리지드 헤들룸 정경

16

날실 교차 반대편 끝에서 실 고리를 자른다.

17

날실 교차 부분을 손으로 잡고, 조심스럽게 날실을 정경대에서 뺀다.

리드에 날실 꿰기

7 리드를 중립 위치에 둔다. 후크와 가위 그리고 줄자를 준비한다.

8 정경대 위, 날실들 교차 부분의 반대 끝에서 날실 고리를 자른다. 그리고 날실 전체 다발을 오버핸드 매듭으로 묶는다. (사진 16)

9 자주 사용하지 않는 손으로 날실 교차 부분을 잡는다. 엄지를 교차점 오른편에 두고 검지는 위, 약지는 아래에 둔다. 그리고 중지는 교차점의 왼편에 두고 정경대 막대에서 조심스럽게 날실들을 가져온다. (사진 17)

10 날실들을 조심스럽게 정경대에서 위빙룸으로 옮긴다.

11 위빙룸의 프런트 빔(프런트 빔이 없을 수도 있다.-옮긴이)에 날실을 묶어 고정한다(사진 18). 날실의 양이 너무 많다면, 날실의 묶은 부분을 빔 위로 걸쳐 둔다. 날실 끝은 오버핸드 매듭으로, 중간은 위빙룸의 빔에 묶어 고정된 상태이다.

12 날실 교차점의 실 고리를 자르면 손으로 잡고 있는 연결되어 있던 날실들이 각각의 실 끝이 된다(사진 19). X자 교차가 실 꿰는 순서를 지켜 준다.

18

19

날실을 묶은 실로 날실 다발을 앞쪽 빔에 묶는다.

손바닥으로 날실 교차 부분의 실 고리를 잡는다.

13 날실이 위빙룸 중심에 자리하게 양쪽에 동일한 거리를 띄우고 시작한다. X자 교차에서 날실 1엔드씩 가져와 알맞은 사이 칸이나 구멍에 끼운다. 이때 컬러 순서를 지켜 날실을 꿴다.(사진 20)

참고: 날실의 컬러가 다양할 때는 각각의 컬러를 따로 감고 컬러 사이 공간을 띄우는 것이 편리하다.

14 모든 날실을 다 꿸 때까지 계속한다. 실수가 없는지 확인한다.

15 날실을 뒷쪽 백 롤러에 묶는다. '직접 정경'에서 앞쪽 프런트 스틱에 실을 묶었던 방법과 동일하게 묶는다. 이때 장력 체크는 필요치 않다.

16 날실 중간에 묶었던 실을 푼다. 그리고 백 롤러에 크래프트지를 끼우며 날실을 감는다.

17 프런트 롤러에도 날실을 묶는다. 이번에 동일한 장력이 가해지는지를 확인한다.

18 직접 정경 9-12단계와 동일하게 마무리한다.

20

사이 칸과 구멍에 실을 꿴다.

2개 리드 실 꿰기

2개 리드 정경은 1개 리드 정경과 매우 비슷하다. 한 가지 중요한 다른 점이 있다면, 리드에 실을 꿰는 방법이다.

셋업

1. 위빙룸에서 프런트 롤러와 가장 멀리 떨어져 있는 헤들 블록에 첫 번째 리드를 둔다. 이 리드가 나중에 '뒤쪽 리드'가 될 것이다. (리드 2)

직접 정경

2. 직접 정경 시 1개의 실 고리 대신 2개의 실 고리를 매 사이 칸마다 꿴다. 그리고 날실을 감는다. 그리고 위빙룸 앞쪽에서, 4엔드 중 하나를 오른쪽 헤들 구멍에 꿴다.

참고: 날실 패턴에 어떤 컬러 순서로 정경해야 하는지 표시되어 있어야 한다. 예시처럼, 2개의 그레이 엔드를 2개의 분홍색 엔드와 함께 꿴다고 설명되어야 한다.

정경대 사용

정경대를 이용해 날실을 정리하고 리드에 실을 꿸 수도 있다. 1엔드는 헤들 구멍에, 3엔드는 사이 칸에 꿴다. 실들을 뒤쪽 백 스틱에 묶고 백 롤러에 감는다. 컬러 순서에 따라 실을 꿰야 한다.

헤들에 실 꿰기

3. 앞쪽 리드(리드 1)를 뒤쪽 리드(리드 2) 앞에 자리시킨다. 리드에 실을 꿸 수 있을 만큼 충분한 사이 공간을 둔다.

참고: 위빙룸의 앞이나 뒤쪽에 앉아서 작업할 수 있다. 예시 사진은 위빙룸 뒷쪽에서 작업하는 모습을 보여 준다.

리드의 오른쪽부터 시작한다. 뒷쪽 리드의 헤들 구멍에 꿰인 첫 번째 날실 엔드를 앞쪽 리드의 동일한 위치에 있는 헤들 구멍의 왼쪽 사이 칸에 꿴다. (사진 21)

참고: 앞 리드에서 정확한 위치를 찾기 위해서는 서서 리드를 보는 것이 좋다. 첫 번째 실이 직선으로 꿰일 수 있게 주의한

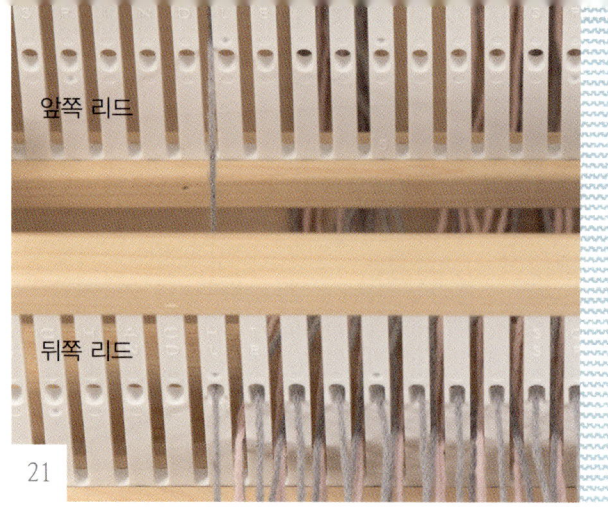

21

위빙룸 뒤쪽에서 볼 때, 뒤쪽 리드 헤들 구멍에 먼저 꿴 첫 번째 엔드는 앞쪽 리드의 동일한 위치에 있는 헤들 구멍의 왼편 사이 칸에 꿴다.

다. 그렇지 않으면 위빙할 때 날실이 제대로 벌어지지 않는다.

4. 뒤쪽 리드 사이 칸에 꿰었던 3엔드는 다음의 순서로 앞쪽 리드에 꿴다.
   - 첫 번째 엔드는 같은 위치의 사이 칸에 꿴다. 이미 날실 1엔드가 꿰여 있다. (사진 22)
   - 두 번째 엔드는 왼쪽 헤들 구멍에 꿴다. (사진 23)
   - 세 번째 엔드는 왼쪽의 다음 사이 칸에 꿴다. (사진 24)

5. 같은 방법으로 모든 날실을 꿴다. 뒤쪽 리드의 헤들 구멍에 꿴 실들은 앞쪽 리드의 같은 위치에 있는 헤들 구멍 왼쪽 사이 칸으로 꿴다. 나머지 3개의 엔드는 위의 설명에 따라 사이 칸이나 구멍에 꿴다. 뒤쪽 리드의 헤들 구멍에 꿴 실들은 앞쪽 리드의 사이 칸에, 앞쪽 리드의 헤들 구멍 실들은 뒤쪽 리드의 사이 칸에 꿰야 한다.

6. 직접 정경과 정경대 사용 두 방법 모두, 리드에 실을 다 꿰고 난 후 프런트 스틱에 날실들을 묶는다.

참고: 2개의 리드에 실을 꿰는 것은 실제로 해 보면 설명보다 덜 복잡하다.

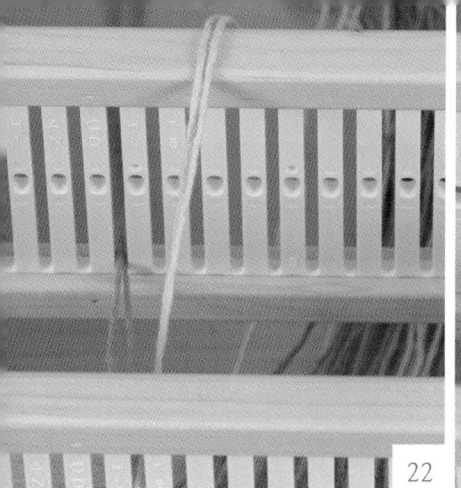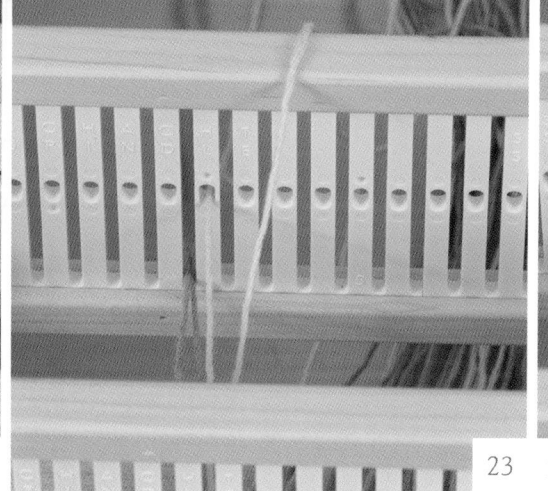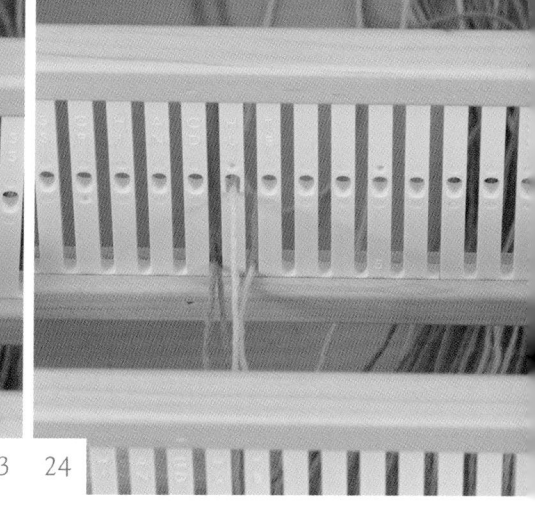

나머지 3엔드 중 하나는 앞쪽 리드에도 같은 위치의 사이 칸에 꿴다. 이미 직전의 날실 엔드가 같은 사이 칸에 꿰여 있다.

뒤쪽 리드 사이 칸에 꿴 실 중 두 번째 실은, 앞쪽 리드에서 방금 실을 꿴 사이 칸의 오른쪽 구멍에 꿴다.

뒤쪽 리드 사이 칸에 꿴 세 번째 실은, 앞쪽 리드에서 오른쪽 다음 사이 칸에 꿴다.

2개의 리드와 4샤프트의 관계

이 책의 작업들을 통해 보이듯, 나는 촘촘한 날실 밀도나 트윌 패턴 혹은 더블 위브를 짜기 위해 2개의 리드를 사용하는 것을 좋아한다. 2개의 리느에 실을 꿰면 다양한 4샤프트의 기본 패턴들이 가능해진다. 리지드 헤들의 '사이 칸'과 '구멍' 구조를 이해한다면 위빙 드래프트를 이용해 다양한 패턴을 위빙할 수 있다. 2개의 리드와 2개의 픽업 스틱을 사용하면 1/3 트윌도 가능하다(5장 '트윌 테이블 러너'에 위빙 드래프트 읽는 법이 수록되어 있다.). 날실을 4엔드로 나눠 따로 들어 올릴 수 있어, 4샤프트의 기본 패턴이 가능해진다.

패턴 만드는 것이 쉽지는 않지만 약간의 인내심과 투지를 가진다면 2개의 리드와 2개의 픽업 스틱으로 4샤프트의 대부분의 기본 패턴들을 짤 수 있다. 2개의 리드로 4샤프트 패턴을 만들어 내는 것은 재미있는 도전이 될 것이다.

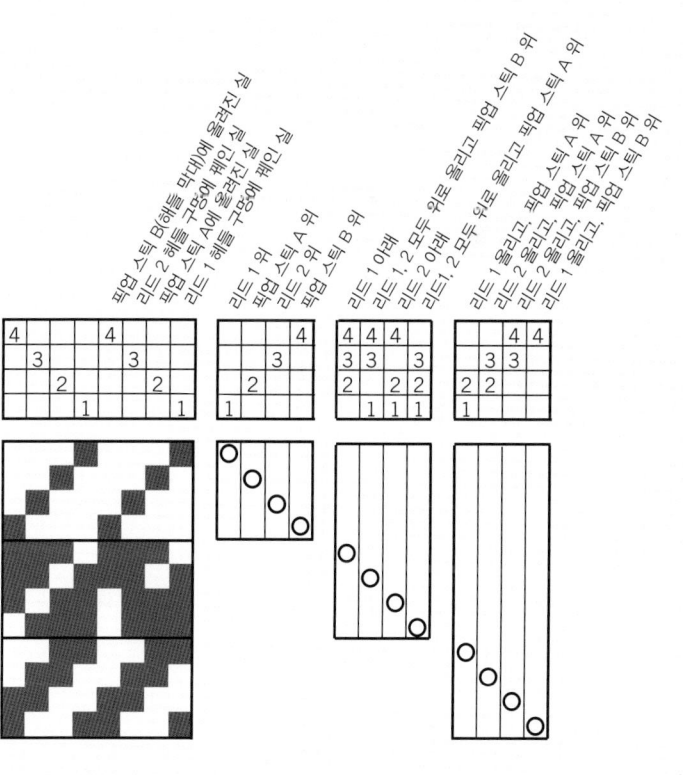

넓고 길고 촘촘한 날실을 위한 팁

홈 인테리어 위빙을 할 때는 종종 넓거나, 길거나 혹은 가는 실들을 날실로 써야 한다. 가끔은 모두 해당되는 경우도 있다. 이런 상황에 대처하는 몇 개의 팁이 있다.

넓은 날실

직접 정경 시, 1개 이상의 실 막대를 이용하는 것이 도움이 된다(사진 1). 이는 리지드 헤들룸과 실 막대 사이에서 날실이 직선으로 오고 가게끔 도와준다. 가파른 각도로 실이 쌓이면, 위빙룸으로 날실을 옮겨 왔을 때 한쪽 가장자리 날실 길이만 짧아질 수 있다.

정경대를 이용하는 경우, 날실을 둘이나 셋으로 나눠 감는다. 그리고 날실들을 리드에 꿸 때도 구간을 나눠 하고, 프런트 롤러 쪽에 묶을 때도 각각 따로 묶는다. 이 방법을 쓰면 프런트 롤러에서 리드까지 날실이 직선을 이루게 된다.

위빙 폭

많은 위버들이 정경 폭을 최대로 늘리고 싶어한다. 하지만 날실을 깔끔하게 감기 위해서는 날실 양 옆으로 어느 정도의 공간을 남겨 두어야 한다. 날실과 함께 백 롤러 감는 종이나 정경 막대의 폭은 날실보다 살짝 더 넓어야 한다. 가능하면, 원하는 사이즈보다 넓은 위빙룸을 사용하는 것이 좋다.

긴 날실

긴 날실을 직접 정경 방법으로 정경하고 싶다면, 정경대를 이용하는 것을 고려해 볼 필요가 있다(사진 2). 정경대는 날실 이동을 최소화시키고 좀 더 다루기 쉽게 도와 주며, 길게 정경할 수 있기 때문이다.

리드를 통과한 실 고리를 끌어와 실 막대에 거는 대신 정경대에 필요 길이만큼 감으면 된다. 필요한 길이만큼 정경대의 막대를 따라 실을 건 뒤, 왔던 길을 되돌아 다시 리드를 통과해 백 빔으로 돌아가는 형식으로 긴 날실을 정경할 수 있다. 필요한 날실 엔드 수만큼 정경이 끝나면, 정경대 각각 막대에서 실을 빼낸다. 그리고 손으로 실 고리를 잡고 실을 자른다.

긴 날실은 특정 방법으로 보관하지 않으면 엉킬 수 있다. 정경대에서 날실을 빼내는 동시에, 체인 고리를 만들어야 한다. 직접 정경, 정경대 사용 모두 긴 날실은 체인 고리가 필요하다(사진 3). 평소처럼 실을 자르고, 날실 다발을 오버핸드 매듭으로 느슨하게 묶는다(정경대를 사용할 경우, 실 교차 부분의 반대 끝을 의미한다.). 고리 안쪽에 손을 넣고 실을 잡고 당겨 다시 고리를 만든다(사진 4). 큰 체인을 만드는 것처럼 계속해서 고리를 만든다. 정경대를 이용한 경우, 실 교차 부분에서 61cm 떨어진 곳에서 멈춘다. 직접 정경을 한 경우, 프런트 빔에 닿으면 멈춘다. 정경대를 사용할 때는, 실 교차 부분을 잡은 손으로 마지막 체인 고리를 잡는다. 실 교차 부분을 손으로 옮겨

1

넓은 날실을 위빙룸에 직접 정경할 때, 여러 개의 실 막대를 사용하면 날실 길이를 고르게 유지시킬 수 있다.

2

좁은 공간에서도 긴 날실을 위빙룸에 직접 정경할 때 정경대를 사용하면 좀 더 쉽게 작업할 수 있다.

3

긴 날실은 체인 고리로 만들어야 실을 감는 동안 깔끔하게 유지할 수 있다. 날실 끝에서 고리를 만들기 시작한다.

4

고리 안쪽에서 다시 날실을 잡아 빼, 슬립 매듭을 만든다.

잡으며 체인도 위빙룸으로 옮겨 실 꿰기를 시작한다. 직접 정경 시, 고리를 프런트 빔에 걸쳐 두거나 바닥에 둔다.

가는 날실
가는 실을 꿸 때는 날실들을 하나의 실다발로 여겨, 실들이 개별적으로 뜯기거나 당겨지지 않도록 신경 쓰는 것이 굉장히 중요하다.

가는 레이스용 실을 쓴다면 백 롤러에 날실을 감을 때 크래프트지 대신 정경 막대를 사용하는 것이 좋을 수도 있다(사진 5). 실이 감길 때 스틱이 단단한 표면을 제공하기 때문이다. 모든 종류의 종이들은 빔과 같이 감기면서 실을 살짝 늘어 뜨린다. 굵은 실에는 문제가 되지 않는다.

최대치의 날실 길이
많은 위버들이 '위빙룸 빔에 얼마나 많은 양의 날실을 감을 수 있을지'를 묻는다. 정답은 매번 다르다. 갖고 있는 위빙룸의 종류와 실을 굵기가 얼마만큼의 실을 백 롤러에 감을 수 있는지를 결정한다. 하지만, 얼마나 많은 날실을 백 롤러에 감을 수 있는지보다, 프런트 롤러에 위빙한 직물을 얼마나 감을 수 있는지가 더 중요하다. 위빙되지 않은 날실보다 위빙 천이 더 두껍기 때문이다. 백 롤러에 날실을 길게 감을 수 있다고 해도, 프런트 롤러에 위빙 천이 어느 정도 감기면 리드에서 날실이 벌어지는 것을 방해하기 시작할 것이다. 물론 위빙룸에 따라 상황이 조금씩 다르다. 일반적으로 소모사는 2.75m를, 가는 레이스사는 4.5m를 넘지 않게 정경하는 것을 추천한다. 물론 갖고 있는 위빙룸에 따라 다르다.

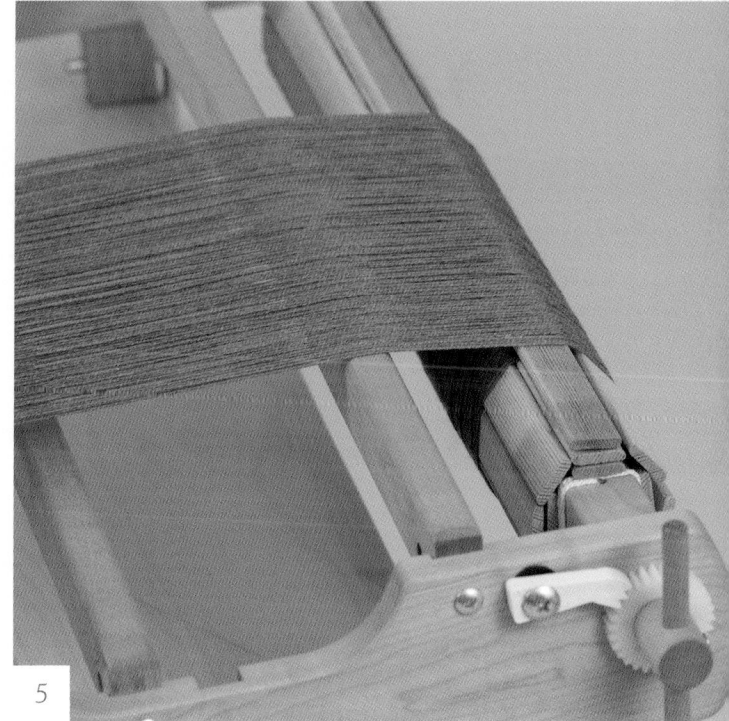

5

탄성이 심하거나 굉장히 가는 실들은 백 롤러에 감을 때 종이 대신 정경 막대를 사용해야 한다.

9장

위빙 마무리

이제 마무리 단계가 남았다. 이 책에는 간단한 것부터 복잡한 것까지 다양한 작업들을 싣고 있다. 각 작업마다 잘 어울리는 스타일, 실의 속성, 제품의 기능까지 고려해 마무리 방법을 골라야 견고하게 완성할 수 있다. 위빙룸에서 직물을 뗄 때, 술을 고정할 때, 세탁할 때 모두 노하우가 필요하다. 케이크 마지막에 올리는 장식과도 같다.

견고한 마무리

몇몇 사람들이 직물을 짜는 것만을 좋아한다. 셔틀을 왔다 갔다 통과시키고, 씨실을 자리 잡게 하는 행위만을 사랑한다. 정경과 마무리는 빼고 직물을 짜는 것만 좋아하는데, 두 부분도 위빙만큼 중요하다.

나는 직물을 짜는 것만큼이나 헴 스티치, 장식적인 매듭, 술로 직물을 마무리하는 작업 또한 좋아한다. 정교하거나 심플함을 떠나, 잘 어울리는 마무리 방법으로 제품을 완성할 때 특별한 만족감이 있다. 그리고 대부분의 제품들은 세탁 전에 마무리지어야 한다.

직물 떼어 내기

직물을 마무리하기 전에, 위빙룸에서 조심스럽게 떼어 내야 한다. 대부분의 경우, 리드 뒤쪽에서 날실을 자른다. 앞쪽에서는 실을 자르지 않고 매듭을 풀어야 프런트 스틱의 연결 끈을 자르는 실수를 방지할 수 있다.

헤더를 빼내고 마무리 작업을 한 다음 세탁한다. 씨실의 꼬리 실들은 5cm 길이로 자른다. 그래야 세탁 중에 걸리지 않는다. 술은 길게 남기고, 세탁 후에 원하는 길이로 자른다.

뜬 실 고치기

직물을 주의 깊게 검사해 위빙되지 않고 씨실이 떠 있는 부분이 발견되면, 니들 위빙으로 쉽게 고칠 수 있다. 바늘을 이용해 날실 사이로 추가 씨실을 끼워 넣는다. 이때 원래의 교차 방식을 지킨다(사진 1). 채워 넣어야 하는 부분의 양쪽으로 좀 더 넉넉하게 위빙한다. 그래야 추가 씨실이 좀 더 안정적으로 자리한다. 5cm의 꼬리 실을 양쪽으로 남긴다.

직물 세탁 후, 떠 있던 씨실을 자른다. 예를 들어 트윌 위빙에서 한 단을 깜빡한 경우처럼 위빙 순서를 놓친 실수라면 비슷한 방식으로 고칠 수 있다. 깜박한 단의 원래 교차 방식을 따라, 새 실로 한 단 전체를 니들 위빙한다. 꼬리 실은 다음이나 이전 단에 넣어 준다.

위빙되지 않은 부분은 니들 위빙으로 고칠 수 있다.

단 만들기

타월, 테이블 러너 등 핸드 위빙된 인테리어 제품들은 일반적으로 단 처리로 마무리되어 있다. 디자인적 관점에서 보자면 단의 두께는 최대한 얇아야 제품이 어딘가에 걸쳐지거나 매달렸을 때 보기에 거슬리지 않는다. 이런 이유로 단 처리로 마무리를 할 경우, 단 부분은 제품보다 가는 실로 위빙하는 것이 좋다. 위빙룸에서 천을 떼기 전에 날실 끝을 자수나 헴 스티치로 마무리할 수 있다. 위빙룸에서 떼어서 휘갑치기나 직선 박기로 고정한다.

개인적으로, 단 처리를 위해 술을 자르기 전에 직물 끝을 고정하는 것을 추천한다. 그래야 씨실과 날실이 풀리지 않고 가장자리가 깔끔하다.

참고: 두꺼운 조직이나 레이스 직물은 힘들 수 있으나, 세밀하고 높은 밀도로 균일하게 짠 직물은 재봉틀로 마무리하는 것이 더 편리하다.

재봉틀로 단을 만드는 경우, 박음질보다 세탁을 먼저 해야 할 수도 있다. 직물은 세탁 후에 줄어들어 더 균일해진다. 재봉틀로 단 처리를 한 경우 세탁 후에 단에 주름이 질 수도 있다.

단 만들기

1. 로터리 커터와 커팅 매트를 사용해 술을 6mm 정도로 자른다(사진 2). 그리고 술을 접어 누르거나 다림질로 단을 접는다. 한 번 더 단을 접고 핀으로 고정한 후(사진 3) 다림질한다. 재봉틀로 단 처리를 한다면, 핀을 바느질 자리에 직각으로 찌르고 핀의 머리가 바깥쪽으로 나오게 한다. 그래야 재봉하는 동안 핀을 빼기 좋다(사진 3에서 보이는 핀의 방향과 직각이 되게 핀을 찌른다.). 직물의 두께와 스타일에 알맞게 재봉틀의 장력을 조절한다.

2. 손으로 단 처리를 한다면, 실을 직물 폭보다 3배 길게 자른다. 실을 바늘에 꿰고 실 끝에 매듭을 만든다. 그리고 바늘을 실의 중간 지점으로 옮기는데, 이때 실 끝 쪽을 매듭 쪽보다 짧게 둔다. 바느질하는 동안 실 길이를 짧게 유지할 수 있다.

3. 첫 번째 접은 단의 코너 안쪽에서 바느질을 시작해 단 안쪽으로 매듭을 숨긴다. 단 쪽에서 바느질을 하며, 바깥쪽 식서와 함께 잡아 매번 같은 방향으로 진행한다. 오른쪽에서 시작한다면 바늘은 언제나 오른쪽에서 천으로 들어간다. 단 옆쪽 솔기에서 바느질을 마무리한다.

4. 비슷한 컬러의 실로 천의 폭을 따라 감침질하는 방법도 있다. 천이 접힌 부분 바로 아래 씨실 1단과 접힌 부분 가장자리의 씨실 1단을 같이 잡아 바느질한다. 매번 같은 씨실 단을 잡아 바느질한다.

5. 다른 쪽 솔기도 바느질한다. 첫 번째 접은 단의 코너로 바늘을 넣고 바느질 부분으로 빼, 실은 숨긴다.

6. 단 맨 아래에서 실을 매듭짓는다. 바늘을 단 아래로 넣어 매듭에서 5cm 정도 떨어진 곳에서 뺀다. 실은 바짝 자른다.

단을 접기 전에 술을 6mm로 자른다.

단을 두 번 접고, 재봉하기 전에 핀으로 고정한다.

연결과 이음

두꺼운 직물을 눈에 띄지 않게 잇는 것은 상대적으로 어려울 수 있다. 이 책에서는 두 가지 방법을 싣고 있는데, '리넨&레이스 카페 커튼(4장)'에서는 공그르기를, '혼합 날실 쿠션'과 '트위드&트윌 쿠션(6장)'에서는 장식적인 이음새를 볼 수 있다. 혹은 더블 위브를 이용하면 솔기 없이 블랭킷이나 쿠션을 짤 수 있다.

러닝 스티치

1. 단보다 3배 길이로 실을 자른다. 바느질과 마무리에 충분한 길이가 필요하다.
2. 단 처리나 술로 마무리된 직물 끝을 맞춰 핀으로 고정한다. 실을 돗바늘에 꿰고, 15cm의 꼬리 실을 남기고 시작한다. 날실 엔드 수를 기준 삼아 바늘땀 크기를 결정하고 씨실을 따라 니들 위빙한다(그림1. 9장 뜬 실 고치기 참고). 바늘땀은 원하는 만큼 크거나 작게 조절한다. 하지만 바늘땀이 커질수록 직물 표면에서 더 눈에 띌 것이고, 이음새가 안정적이지 않다.
3. 실 끝을 1엔드의 날실이나 씨실에 매듭지어 고정하고, 직물 안쪽으로 숨긴다. 매듭에서 7.5cm정도 떨어진 곳에서 바늘을 빼고 실 끝을 자른다. 시작할 때 꼬리 실도 같은 방법으로 마무리한다.

공그르기

1. 두 장의 직물을 옆에 두어 씨실들을 나란히 정렬한다. 그리고 두 장의 직물이 같은 면이 보이게 둔다. 앞면, 뒷면 관계없다.
2. 엮어야 하는 부분의 4배 길이로 실을 자른다.
3. 식서 날실 안쪽에서 바느질한다. 첫 단 씨실 앞에서 바늘을 넣어 직물 뒤에서 다른 쪽 직물로 넘어간다. 예시에서는 오른쪽에서 왼쪽으로 진행되고, 다음 단에서는 같은 날실 단에서 진행하되 직물 뒤에서 반대 방향으로 바늘이 넘어간다. 실을 통과시켜 당기고, 씨실 2단 위 수직으로 실을 내려 바늘을 직물 뒤로 뺀다. 그리고 오른쪽 직물의 같은 단에서 바늘을 앞으로 뺀다.
4. 오른쪽 직물 앞에서 바느질해 바늘을 뒤쪽으로 넣고, 왼쪽 직물에 알맞는 씨실 단 뒤에서 바늘을 앞으로 뺀다.(그림 2)
5. 너무 조여지지 않게 주의하며 같은 방법으로 계속하여 두 직물이 딱 맞게 바느질한다.

에스키모 바느질

1. 직물을 반 접거나 두 장을 겹쳐 위아래를 맞춘다.
2. 필요한 길이 3배의 실과 돗바늘을 이용해 바탕이 될 '러닝 스티치'를 만든다. 원하는 바늘땀으로 두 장의 직물을 함께 러닝 스티치 한다. 가장자리에서 시작해 날실 2엔드나 씨실 2단 위로 바느질한다.(그림 3)

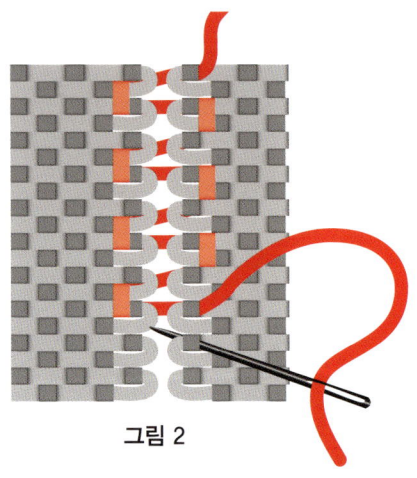

그림 2

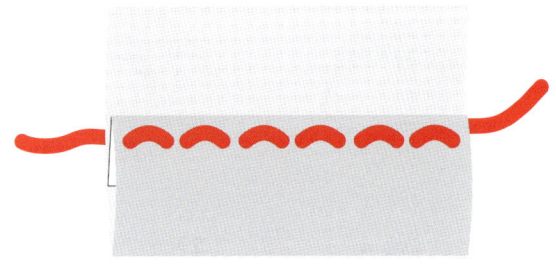

그림 1

3 필요 길이 5배로 실을 자른다. 연결 부분을 바로 볼 수 있게 직물을 놓는다. 러닝 스티치가 에스키모 스티치의 윗부분이 된다.(그림 3)

4 직물 뒤에서 시작해 오른쪽에서 왼쪽으로 진행한다. 직물 뒷면에서 바늘을 두 번째 러닝 스티치의 밑으로, 위에서 아래로 통과시킨다. 바늘을 직물 앞면으로 가져온다. 그리고 첫 번째 러닝 스티치 밑으로, 아래에서 위쪽 방향으로 바늘을 통과시킨다.

바늘을 직물 앞면 두 번째 러닝 스티치 밑으로, 위에서 아래로 내린다. 그리고 이미 바느질한 직물 뒷면 두 번째 스티치 밑으로, 아래에서 위로 바늘을 통과시킨다. 그리고 세 번째 스티치 밑으로 위에서 아래로 통과시킨다. 다시 직물 앞면으로 바늘을 가져와 두 번째 스티치 밑으로, 아래에서 위로 통과시킨다.

5 같은 방법으로 모든 러닝 스티치 위에 바느질한다. 모든 러닝 스티치에 2가닥의 실이 통과될 것이다.

6 끝 쪽에 니들 위빙하고, 뒤쪽 스티치에 고리를 만들어 한 땀만 바느질되게 한다.

위빙룸에서 떼어 낸 뒤 술 마무리

셋업

1 위빙룸에서 떼어 내고 술을 마무리할 계획이라면, 직물 양쪽 끝에 여유 실로 헤더를 위빙한다(2장 참고). 그래야 술을 마무리지을 때까지 씨실이 움직이지 않는다.

2 위빙 천을 위빙룸에서 떼어 평평한 표면에 둔다. 천이 움직이지 않게 고정하고 장력을 유지하기 위해 직물 위에 무거운 것을 올려야 할 수도 있다.

3 자수 가위를 이용해 조심스럽게 헤더를 수직으로 반자른다. 날실 폭이 비교적 좁다면 반으로 잘라도 여유 실을 빼기 쉽다. 하지만 날실 폭이 넓다면 헤더를 더 작게 나눠 자르는 게 편할 수 있다.

4 여유 실을 차례대로 제거하며 술을 만든다. 먼저 여유 실을 빼낸 부분부터 마무리한다. 어떤 방식이든 관계없다. 여유 실 나머지 반을 마저 빼내고 마무리한다. 모든 술을 다 묶을 때까지 같은 방식을 작업한다.

5 매듭을 2단 만든다면, 매듭 첫 단 전체를 완성한 후 다시 두 번째 단 매듭을 짓는다.

오버핸드 매듭

1 술로 고리를 만들고 고리 안으로 실 끝을 넣는다. 직물 바깥쪽에서 안쪽으로 매듭을 느슨하게 짓는다.(그림 4, 5)

2 매듭을 천 끝 쪽으로 느슨하게 붙인다.

3 모든 매듭을 다 짓고 난 후, 시작 부분으로 돌아가 매듭들을 조인다. 필요 시 매듭을 조정해 매듭이 일직선으로 자리하게 한다.

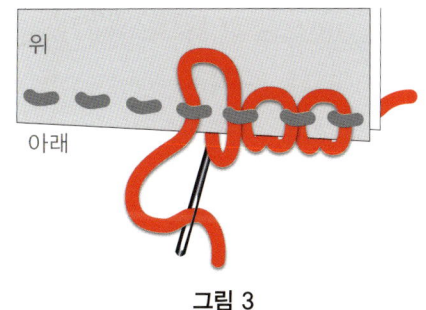

그림 3

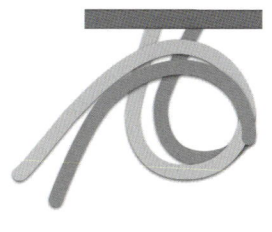 

그림 4   그림 5

엇갈림 매듭

1. 직물 바깥쪽에서 안쪽으로 매듭을 느슨하게 짓는다. 매듭을 천 끝 쪽으로 느슨하게 붙인다.
2. 모든 매듭을 다 짓고 난 후, 시작 부분으로 돌아가 매듭들을 조인다. 필요시 매듭을 조정해 매듭을 깔끔하게 줄짓는다.
3. 오버핸드 매듭을 한 단 더 짓는데, 첫 번째 매듭에서 실을 반으로 나누고 두 번째 매듭 실도 반 나눈다. 둘을 합쳐 다시 하나의 매듭을 만든다.(그림 6)
4. 같은 방식으로 나머지 날실들을 정리한다. 그리고 같은 방식으로 한 단 더 날실을 묶는다. 첫 번째 묶음에서 실을 반 가른다. 그리고 두 번째 묶음에서 실 반을 가져와 둘을 합쳐서 묶는다.
5. 원하는 만큼 묶음 단을 만든다.

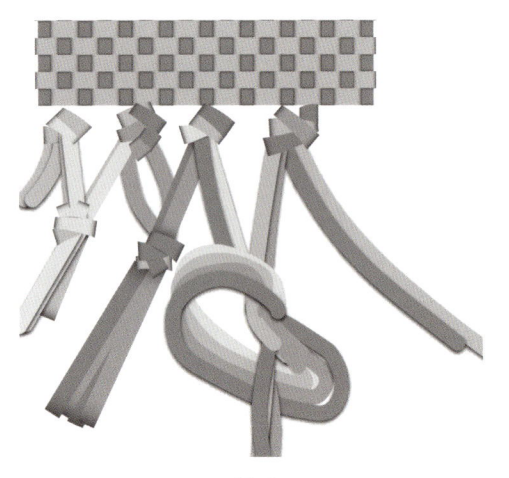

그림 6

그림 7

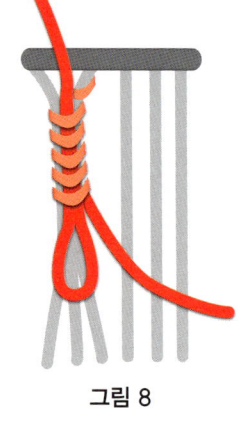

그림 8

날실 엇갈려 묶기

1. 가는 코튼이나 실크 실로 날실들을 한꺼번에 잡아 장식적으로 묶는다. 가는 실을 30.5cm 길이로 자른다. 가는 실로 고리를 만들어 원하는 날실들 위에 둔다. 이때 고리는 아래쪽을 향하게 둔다. 실 끝 하나는 날실 위에 두고, 다른 실 끝으로 날실들을 감는다(그림 7). 실로 날실들을 5-8번 돌려 감싼다. 앞뒤가 동일하게 감싸지도록 주의한다.(그림 8)
2. 날실을 감싼 실 끝을 아래쪽에 있는 고리로 통과시킨다.(그림 9)
3. 실 양쪽 끝을 당겨 조인다. 실 끝은 바짝 잘라 정리한다. 필요하면, 실 끝 자른 곳에 올 풀림 방지액을 발라 더 단단하게 고정시킬 수 있다.(그림 10)

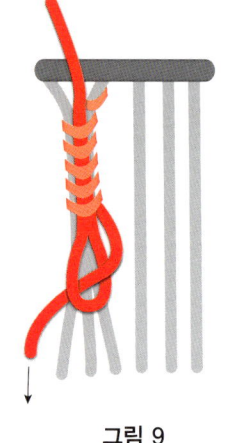

그림 9

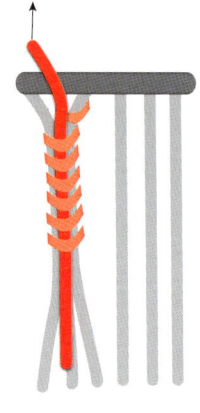

그림 10

엇갈린 마크라메 매듭

참고: 각각의 매듭은 4개의 날실이 한 그룹으로 만들어진다. 전체적으로 매듭 2단이 지어진다.

1. 4가닥 날실 중 가장 왼쪽에 있는 날실을 가운데 두 날실 위로 지나 가장 오른쪽에 있는 날실 아래로 통과시킨다.(그림 11)
   가장 오른쪽에 있는 날실을 가운데 두 날실 뒤로 지나, 가장 왼쪽 날실이 만든 고리에 통과시킨다.(그림12)

2. 같은 방식이나 방향을 반대로 실들을 엮어 매듭을 완성한다. 가장 오른쪽에 있는 날실을 가운데 두 날실 위로 지나, 가장 왼쪽 날실 아래로 통과시킨다. 그리고 가장 왼쪽에 있는 실을 가운데 두 날실 뒤로 지나, 가장 오른쪽 실이 만든 고리로 통과시킨다.(그림 13)

3. 매듭을 꼭 맞게 조절한다.(그림 14)

4. 다음 날실 4가닥을 같은 방법으로 매듭짓는다. 새로 만드는 매듭들은 왼쪽 편에 있는 매듭을 기준으로 위치를 조정한다. 모든 날실들은 같은 방법으로 매듭짓는다.

5. 다음 단 매듭을 지을 때, 엇갈려 매듭을 만들기 위해 첫 번째 매듭에서 날실 2가닥, 옆쪽 매듭에서도 날실 2가닥을 가져와 새 매듭을 만든다.(그림 15)

6. 양쪽 끝에 매듭짓지 않은 실들이 남게 된다. 남은 실들끼리 묶는다. 첫 번째 매듭의 오른쪽에 있는 실을 두 번째 매듭의 남은 실과 묶는다.(그림 16)

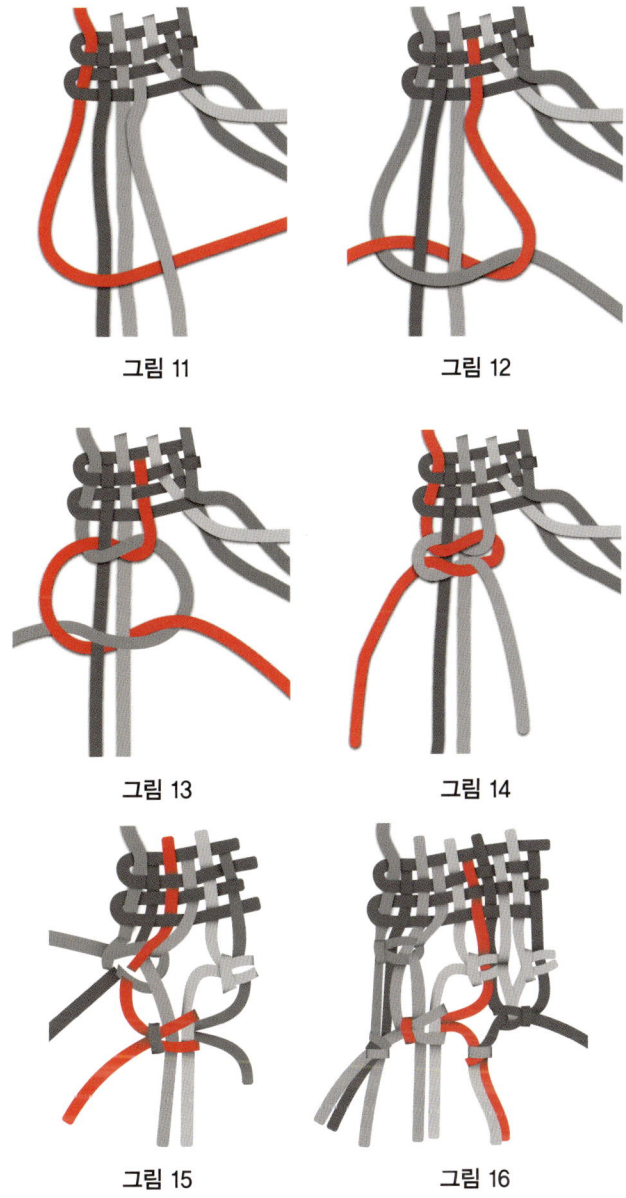

그림 11 그림 12

그림 13 그림 14

그림 15 그림 16

4가닥 땋기

참고: 날실 4가닥 이상으로 작업한다.

1. 4가닥 날실을 반으로 나눈다(그림 17). 바깥 왼쪽 가닥을 가져와 안쪽 왼쪽 가닥 위에 둔다.
2. 바깥 오른쪽 가닥을 안쪽 오른 가닥 밑에 둔다. 바깥쪽에 있던 가닥들이 이제 안쪽 가닥들이 되었다.(그림 18)
3. 원하는 길이만큼 계속해서 땋는다(그림 19). 그리고 오버핸드 매듭으로 마무리한다.

우븐 에지

참고: 직물 모서리 두 곳에 작게 땋은 매듭만 생기는 깔끔한 마무리이다.

1. 직물의 왼쪽 편에서 시작한다. 날실 4가닥을 왼손으로 팽팽하게 당긴다. 집게를 사용해 날실 4개를 위빙한다. 날실들을 아래, 위, 아래 차례로 들고 집게를 통과시켜 네 번째 날실을 잡는다.(그림 20)
2. 네 번째 실을 집게로 잡고 당겨 다른 날실들 사이로 통과시킨다. 실을 팽팽하게 당겨 일직선을 만들고 실을 위쪽으로 옮겨, 다른 날실들이 나오는 직물 끝 쪽으로 붙인다.(그림 21, 22)
3. 남아 있는 날실 3개와 그 오른쪽에 있는 날실 하나를 합쳐 다시 1, 2단계를 반복한다. 직물 끝까지 같은 방법으로 마무리한다.
4. 직물 한쪽 모서리 날실 4개가 남을 것이다. 짧게 4가닥 땋기로 마무리한다.
5. 자수 바늘을 이용해 모든 실 끝을 오른편에 위치한 날실과 동일하게 넣고, 1.3cm 위에서 바늘을 뺀다. 실 끝을 바짝 자른다.

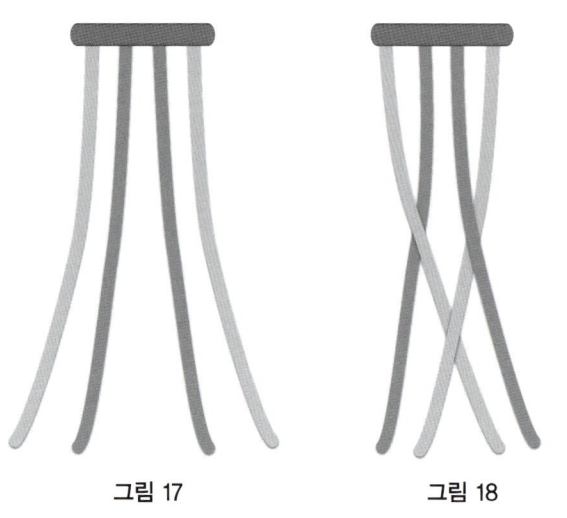

그림 17   그림 18

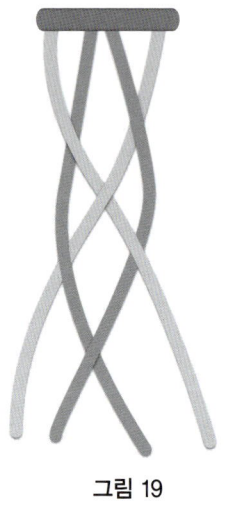

그림 19

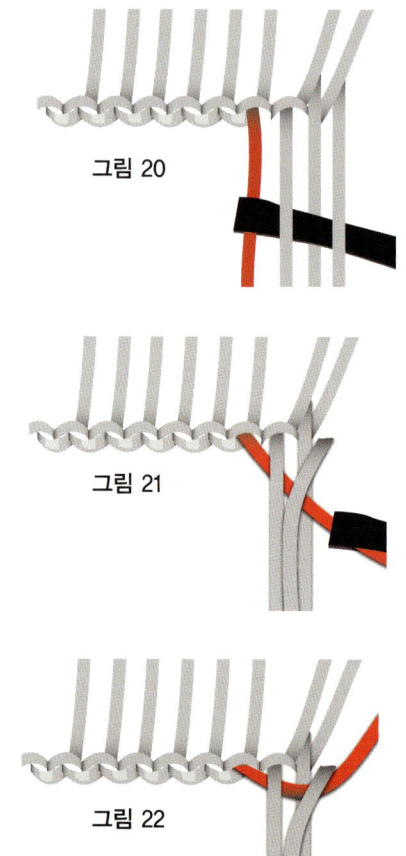

그림 20

그림 21

그림 22

위빙룸 위에서 마무리

매듭 대신 단단하게 마무리할 수 있는 방법은 위빙룸 위에서 마무리 짓는 것이다. 헴 스티치나 자수 스티치 등을 이용해 깔끔하게 마무리 지을 수 있다. 위빙룸에서 직물을 떼어 내고 다른 마무리 없이 바로 세탁할 수 있다. 세탁 후에 로터리 커터와 커팅 매트를 이용해 원하는 길이로 술을 자르면 된다.

헴 스티치

헴 스티치는 가장 일반적인 위빙룸 스티치이다. 술을 보이며, 안정적인 마무리를 가능하게 한다.

1. 위빙을 시작할 때 씨실 끝을 위빙 폭의 6배로 남긴다.
2. 2.5cm 위빙하고, 남겨 둔 씨실 끝을 돗바늘에 꿴다.
3. 몇 엔드의 날실과 씨실을 함께 매듭지을지 결정한다. 예를 들어 2엔드의 날실과 씨실 2단을 함께 매듭지을 수 있다(그림 23, 24). 날실과 씨실이 늘 같은 숫자일 필요는 없다.
4. 실이 꿰인 돗바늘로 식서 실을 두 바퀴 돌려 단단하게 고정한다.
5. 원하는 씨실 단 위로 바늘을 넣는다. 예를 들어 씨실 2단 위로 바늘을 넣는다. 바늘을 원하는 씨실과 날실 개수만큼 각도를 주어 대각선 아래로 뺀다. 이렇게 앞쪽에는 수직으로, 뒤쪽으론 대각선으로 바느질한다(그림 23). 바늘을 당겨서 실을 뺀다. 그리고 대각선으로 바느질한 날실 아래로 바늘을 통과시켜, 매듭짓는다.(그림 24)
6. 직물의 가장자리까지 같은 방법으로 바느질한다.
7. 꼬리 실은 직물 뒷편에서 2.5cm 니들 위빙한다. 실을 5cm 남기고 자른다.
8. 직물을 세탁한 뒤, 꼬리 실은 바짝 자른다. 잘못된 방향으로 바느질을 하면 비스듬한 스티치가 생길 것이다. 그리고 맞는 쪽에 직선의 스티치가 생긴다.

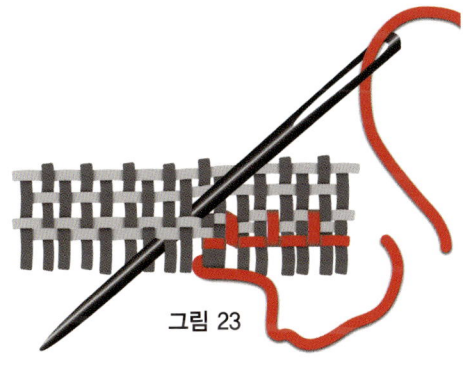

그림 23

그림 24

자수 스티치

자수 스티치 혹은 체인 스티치로 불리는 이 방법은 헴 스티치보다 빨리 작업할 수 있다. 하지만 헴 스티치보다 단단하게 고정되지 않는다. 2.5cm 이상의 술이나 손바느질 단 처리를 위한 준비 방법으로 좋다.

1 원하는 날실 수만큼 잡아 그 위에 스티치 실로 느슨한 고리를 만든다. 그리고 바늘을 날실 아래를 지나 고리를 통과시켜 뺀다. 예시에는 날실 2엔드를 잡고 있다.(그림 25)
2 실을 당겨 고리를 단단하게 고정한다.(그림 26)
3 날실 전체를 같은 방법으로 계속해 바느질한다. 매번 적당한 실 장력을 유지해야 한다.

클로브 히치 매듭

1 2.3m 길이의 마무리 실을 준비한다. 부드러운 코튼 실이 가장 좋다. 돗바늘에 실을 꿰 준비한다.
2 15.2cm의 꼬리 실을 남기고 왼쪽에서 오른쪽으로 진행한다. 원하는 만큼 날실을 잡아 8자로 감싼다. 위쪽 고리에서는 실 위로 그리고 아래쪽 고리에서는 실 아래로 바늘을 통과시킨다.(그림 27)
매듭을 위로 밀어 씨실과 닿게 하고 단단히 맨다.
3 날실 전체를 같은 방법으로 매듭짓는다. 매듭들이 똑바른 직선을 이루고 씨실들이 밀리지 않게 조심해 작업한다.(그림 28)
4 양쪽 꼬리 실들을 위빙 직물 안으로 2.5cm 정도 니들 위빙한다.

로터리 커터 사용법

가위로 술을 일직선으로 똑바로 자르는 것은 어렵다. 술을 자를 때 퀼팅에서 일반적으로 사용하는 도구인 로터리 커터와 커팅 매트를 사용하면 좋다.

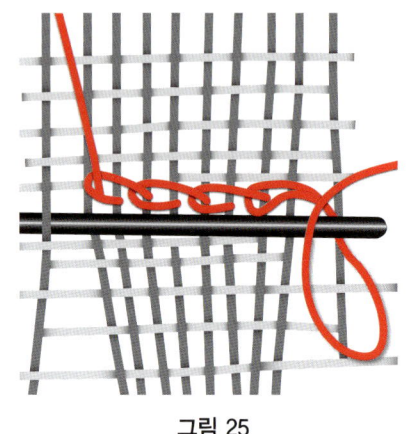

그림 25

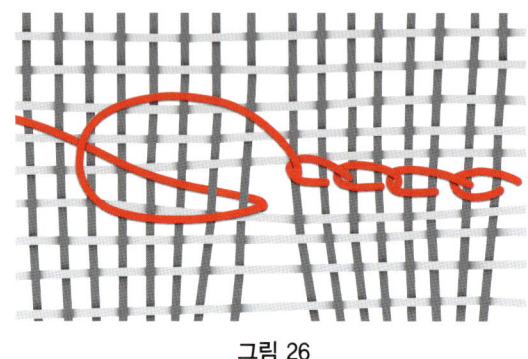

그림 26

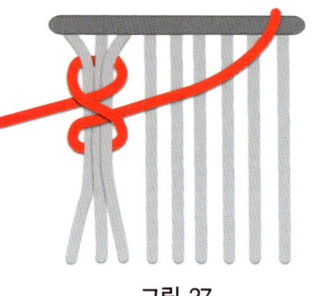

그림 27

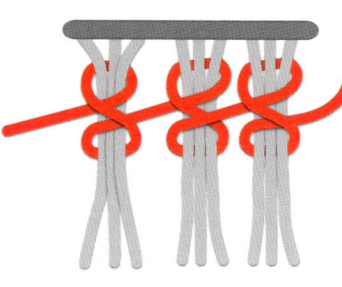

그림 28

1. 매트에 직물을 올린다. 직물 끝을 매트 라인에 맞춰 일직선으로 정리한다.
2. 술을 손으로 빗질해 가지런히 정리한다. 원하는 길이에 있는 매트 라인에 맞춰 로터리 커터를 이용해 자른다.

위빙 천 세탁

위빙된 천들은 물세탁해야 실들이 제대로 자리 잡는다. 이 책의 '헴프 찻주전자 받침(5장)'과 '재활용 천 래그 러그(4장)', '크록브래드 러그(7장)'와 같이 몇몇 예외 상황도 있다. 이 작업들에 쓰인 실들은 세탁해도 부풀거나 늘어나지 않아 물세탁이 필요 없다.

위빙룸에서 직물을 떼어 냈을 때 직물이 완벽하지 않아 보일 수 있으나, 세탁을 거치면 제 모습을 찾게 될 것이다.

실 생산자들은 실 라벨에 가장 소극적으로 세탁 방법을 적어 둔다. 식품의 유통 기한처럼 제품을 가장 최선의 상태로 유지할 수 있는 방법을 알려 줄 뿐, 가능한 모든 방법을 이야기해 주진 않는다. 대부분의 라벨은 그저 손빨래만 표기되어 있다. 많은 실들이 일반 세탁기의 가장 약한 코스로 세탁해도 괜찮으며, 몇몇 실들은 세탁기에서의 마찰로 인해 직물의 조직이 더 좋아지기도 한다. 하지만 술로 마무리한 제품들은 좀 더 주의 깊게 세탁 방법을 결정해야 한다. 술이 1합이거나 약하게 꼬여 있거나 많은 실이 합쳐 있거나 혹은 혼방사의 경우, 잘못된 세탁으로 인해 술이 망가질 수 있다. 실이 세탁 후에도 문제가 없을지 알아보는 유일한 방법은 샘플링밖에 없다.

손세탁

실크나 캐시미어 등 고급 실로 만든 소품이나 섬유 제품들은 손세탁해야 한다. 중성 세제나 헹굼이 필요 없는 세제를 푼 미온수에 20분 정도 직물을 담근다. 길이가 긴 경우, 직물들을 충분히 담글 수 있는 욕조를 이용하기도 한다. 필요하다면 직물을 조심스럽게 헹군다. 타월에 말아 눌러 물기를 제거한다. 이때 비틀어 짜지 않도록 주의한다. 평평하고 깨끗한 타월 위에서 건조시킨다. 원하는 길이로 술을 자른다.

세탁기

모든 세탁기가 같은 기능을 갖고 있지 않은 만큼, 사용하는 세탁기의 기능을 잘 아는 것이 비법이다. 일반적인 세탁기의 가장 약한 코스로 세탁하는 방법은 다음과 같다. 중성 세제로 가장 약한 코스로 돌린다. 직물이 문질러 빨아야 할 필요가 없고 부드러워질 필요가 있다면, 섬유 유연제를 더한다. 깨끗한 타월 위에 눕히거나 바람에 건조시킨다. 원하는 길이로 술을 자른다. 강한 리넨이나 헴프 실로 만든 대부분의 주방과 식탁 아이템들은 일반 코스로 세탁한다. 일반 세제나 중성 세제로 세탁하고 약하게 탈수한다. 필요하면 바로 다림질한다. '산뜻한 브레드 클로스(4장)'와 같은 리넨 직물들은 약간 젖은 상태에서 다림질하는 게 좋다. 적당한 열기는 광택을 이끌어 낸다. 원하는 길이로 술을 자른다.

얼룩 제거

직물을 미온수에 잠시 담가 두면 얼룩 제거가 가능하다. 오염 부분을 깨끗한 천으로 부드럽게 문지른다. 기름기 있는 얼룩이라면 직물에 물을 적시고 전분을 뿌린다. 하루 정도 그대로 둔 다음 젖은 수건으로 닦아 내거나, 러그 같은 경우 직물을 들고 부드러운 솔로 문지른다. 그리고 깨끗이 헹군다. 이 방법은 변색되지 않는 실 종류에 가장 효과적이다. '핸드 다이드 실'과 같은 실들은 테스트를 먼저 해야 한다.

나만의 공간에 잘 어울리는 직물을 짜는 것은 특별한 만족감을 준다. 패턴을 찾고, 실을 고르고, 위빙룸을 셋업해 직물을 짜고, 완벽한 마무리 방법을 찾는 모든 과정들이 특별하다. 모든 과정을 거쳐 마지막으로 술을 자르며 제품을 완성할 때, 말로는 형용하기 힘든 기쁨과 뿌듯함이 있다. 잠시 멈추고 스스로를 격려해도 좋을 시간이다.

용어 해설

날실 감기: 백 롤러를 풀어 실의 장력을 낮추고, 위빙 천을 프런트 롤러에 감는다. 그리고 양쪽 롤러를 감아 다시 장력을 높이고 위빙을 계속한다.

균형잡힌 플레인 위브: 1인치(2.5cm) 당 같은 숫자의 날실과 씨실이 들어간 플레인 위브로 짜진 직물을 의미한다.

씨실 누르기: 씨실이 제자리를 찾도록 리드를 당겨 누른다.

비터: 테이블룸이나 플로어룸의 한 부품으로, 씨실이 제자리를 찾도록 도와주는 역할을 한다. 리지드 헤들룸에서는 리드가 대신한다.

보트 셔틀: 보빈과 같이 사용하는 셔틀이다. 보빈에 씨실을 감고 보트 셔틀에 끼워 날실 사이를 통과시킨다.

실 번 수: 무게 1 파운드 당 기준 길이를 바탕으로 하는 실 분류 시스템

위빙룸에 날실 걸기: 날실 길이를 재고, 위빙룸에 감는다.

엔드: 날실 1개로 계산되는 1가닥이나 그 이상의 실

인치 당 날실 수: 1인치(2.5cm) 안에 들어가는 날실 수

직물 끝: 직물에서 실질적인 위빙이 일어나는 부분. 가장 최근에 짜인 씨실 부분.

띄우기: 날실이나 씨실이 3엔드 이상 교차되지 않는 부분

술: 위빙 천 끝 부분에 위빙되지 않은 날실

헤더: 위빙 시작 부분에 여유 실로 2.5–5cm 정도 위빙한 부분. 헤더 위빙을 통해 날실들이 고르게 펼쳐진다.

헤들: 리지드 헤들 안의 플라스틱 조각들로, 중간에 뚫려 있는 구멍에 날실을 꿴다.

헴 스티치: 날실과 씨실을 같이 잡아 매듭짓는 마무리 방법

위빙하지 않은 날실: 여러 제품을 한꺼번에 위빙할 때, 제품 사이 날실을 위빙하지 않은 상태로 띄워 둔다. 이 날실들이 최종 제품들의 술이 된다.

기준 실: 정경하는 날실과 반대되는 컬러, 탄성 없는 실로 원하는 길이만큼 정경대에 묶어 날실의 기준으로 삼는다.

날실 여유분: 프런트 스틱에 묶은 부분과 백 스틱과 리드 사이의 날실은 위빙되지 않고 버려지기 때문에 이 길이를 염두에 두고 날실 길이를 계산한다.

씨실 단: 벌어진 날실 사이를 통과해 위빙된 씨실 한 단을 의미한다.

씨실 단 수(PPI): 위빙 직물에서 1인치(2.5cm) 안에 들어가는 씨실 단 수

픽업 스틱: 납작한 나무 막대로, 필요한 부분의 날실을 따로 들 때 사용한다.

플레인 위브: 1엔드의 씨실, 날실이 위아래로 교차되어 위빙된 직물

합사: 2가닥 이상의 실이 합쳐진 실

리지드 헤들 리드: 날실 사이를 일정한 간격으로 유지시켜 주고 비터의 역할을 해 주는 도구

식서: 직물의 가장자리로, 벌어진 날실 사이로 씨실이 들어가고 나오는 부분.

날실 밀도: 리드에서의 날실 간격. 인치당 날실 수(EPI) 참고

벌어진 날실 사이: 리드를 올리고 내리면 벌어지는 날실 사이

헤들 블록: 리드를 위로 들고 내릴 수 있게 고정하는 장치

셔틀: 씨실을 감아 날실 사이를 통과시키는 도구

1합: 1가닥의 실

스틱 셔틀: 리지드 헤들룸에서 주로 쓰는 셔틀의 종류

셔틀 통과: 셔틀을 날실 사이로 통과시킨다.

날실: 위빙룸 위에 팽팽하게 셋업되는 실들로, 위빙 직물의 세로 방향 실

경부 직물: 날실이 주로 보이는 직물 구조

날실 엔드: 각각의 날실들

정경대: 날실 길이를 쉽게 재고, 간단하게 정경할 수 있는 도구

실 막대: 직접 정경 시, 원하는 날실 길이를 맞추고 고정시키는 도구

정경 스틱: 날실 빔 위에 날실을 감을 때 쓰는 납작한 막대

위빙: 팽팽한 날실 사이로 씨실을 교차시켜 천을 짜는 과정

직물 구조: 실들의 특정 방법으로 교차시켜 보이는 패턴을 의미한다. 위빙룸 셋업이나 위빙을 통해 나타난다.

참고 도서 / 도구 판매처

리즈 깁슨의 저서 및 비디오

《Weaving Made Easy》

비디오 워크샵

〈Life After Warping: Weaving Well on Your Rigid-Heddle Loom〉

〈Slots and Holes: 3 Ways to Warp a Rigid-Heddle Loom〉

〈Twice as Nice: Weaving With Two Heddles on a Rigid-Heddle Loom〉

〈Double Your Fun: Double weave on a RigidHeddle Loom〉

참고 도서

《Hands on Rigid Heddle Weaving》 Betty Davenport (Interweave)

《Inventive Weaving on a Little Loom: Discover the Full Potential of the Rigid-Heddle Loom, for Beginners and Beyond》 Syne Mitchell (Storey Publishing)

《Textures and Patterns for the Rigid Heddle Loom》 Betty Linn Davenport (self-published)

《The Complete Book of Drafting for Handweavers》 Madelyn van der Hoogt (Shuttle Craft Books)

《The Weaver's Idea Book: Creative Cloth on a Rigid Heddle Loom》 Jane Patrick (Interweave)

《Woven Treasures》 Sara Lamb (Interweave)

《The Xenakis Technique for the Construction of Four Harness Textiles》 Athanosios David Xenakis (Golden Fleece Publications)

《Interweave's Compendium of Finishing Techniques》 Naomi McEneely (Interweave)

국내 위빙 도구 판매처

• 벽과 공간

서울특별시 중구 소공로 58 회현지하쇼핑센터 다열 27

http://blog.naver.com/machonloo

• 스튜디오 엣코트

서울 특별시 강남구 압구정로 50길 22 3층

http://www.studio-atcoat.com

• 위빙샵

서울특별시 종로구 종로6가 289-3 동대문종합시장 B동 지하 235-237

www.weavingshop.co.kr

감사의 말

15개월 동안 21개의 작업을 위빙하고 원고를 쓰는 일은 재미있고 도전적이며 자기 성찰적인, 기념비적인 경험이었다. 좋은 원고는 주변의 많은 도움을 통해 완성된다는 것을 경험할 수 있었다. 가족과 친구들의 지지는 필수적인 일이며, 나는 모두에게 지지 받을 수 있어 감사했다.

특히 남편은 나의 위빙 작업을 응원해 주었으며, 어머니는 위대하고 지속적인 수작업은 삶을 이끄는 완벽한 방법이라고 믿어 주었다. 그리고 아버지는 물건을 직접 만드는 것은 돈으로 살 수 없는 만족감을 주는 일이라는 것을 직접 보여 주었다.

편집자들의 날카로운 눈은 책의 완성을 가능하게 한다. 그들의 도움으로 더 나은 책을 만들 수 있었다.

오랫동안 나와 같은 위버들에게 도움을 준 실과 도구 제작자들에게도 감사의 말을 전한다. 오랜 시간에 걸쳐 내가 모아 온 노하우들은 나보다 앞서 리지드 헤들룸으로 다양한 작업을 시도했던 사람들의 경험이 토대가 되었으며, 나에게 계속해서 영감을 주는 학생들로 인해 더 좋은 결과를 얻을 수 있었다.

위버로서의 삶을 살 수 있음에 감사하고 있으며, 이 책을 통해, 또 독자들을 통해 나 역시 위빙의 순수한 즐거움을 계속해서 상기하고 있다.

작가 소개

리즈 깁슨은 실로 가득한 삶을 즐긴다. 웹사이트 yarnworker.com을 운영하고 있으며, 사이트를 통해 리지드 헤들의 노하우와 영감을 소개하고 있다. 《Weaving Made Easy》의 저자이기도 하다. 위버들이 좀 더 쉽게 작업할 수 있도록 도움을 주는 일은 리즈의 큰 기쁨이다. 다양한 섬유 관련 잡지, 웹사이트, 블로그를 통해 위빙과 실 관련 글을 기고했으며, 다양한 워크샵을 통해 위빙을 가르친다.

찾아보기

ㄱ
가는 날실 정경 149
같은 컬러 실 잇기 25
경부 직물 163
꼬리 실 집어 넣기 24
기준 실 143–145

ㄴ
나일론 13
날실 15, 163
날실 감기 20–21, 162
날실 길이 32
날실 늘어짐 149
날실 밀도 32, 163
날실 엔드 수 32
날실 여유분 162
날실 차트 32
넓고 길고 촘촘한 날실 정경 팁 148–149
네 가닥 땋기 158
노벨티 코튼 11
눈에 띄지 않게 잇기 154

ㄷ
단 만들기 152–153
더블 엔드 26
더블 위브 118–119
도구 32
두 개 리드 실 꿰기 146–147
두 개 리드 정경 138–141
두 개의 리드와 4샤프트의 관계 147
드래프트 읽기 74
뜬 실 고치기 152
띄우기 162

ㄹ
래그 러그용 천 44–45
러닝 스티치 154
레이온 13
로그 캐빈 패턴 107
로터리 커터 사용법 160
리넨 12, 53
리지드 헤들룸 5, 163
리지드 헤들룸을 위한 실 9

ㅁ
마무리 152–153
매듭
　날실 엇갈려 묶기 156
　마크라메 157
　오버핸드 155
　엇갈림 156
　클로브 히치 160

ㅂ
방모사 9
보트 셔틀 26
비터 23

ㅅ
셀룰로스 섬유 9–11
셔틀 163
소모사 9
술 16, 155–160
수퍼워시 13
식서 20–21, 27
식서에 무게 더하기 21
실 8–15
실 가르기 25

실
실 감기 26
실 고르기 15
실 번 수 14–15
실수 고치기 27
실 잇기 25
실의 형태 14, 162
씨실 15
씨실 가져 가기 24
씨실 각도 20
씨실 교차 96
씨실 누르기 162
씨실 단 162
씨실 단 수 32
스틱 셔틀 163

ㅇ
아크릴 실 13
얼룩 제거 161
에스키모 바느질 154
여러 개 짜기 22
완성 사이즈 32
우븐 에지 마무리 158
울 섬유 12–13
울의 감촉 13
위빙 163
위빙 계획 읽는 법 32–33
위빙 vs 뜨개질 14
위빙룸에서 직물 떼어 내기 152
위빙룸에서 떼어 낸 뒤 술 마무리 155–158
위빙룸 위에서 마무리 159–160
위빙 차트 33
위빙 천 연결 154–155
위빙 천 측정 23
위빙 폭 32

인레이 밑그림 91
인피 섬유 12

ㅈ
자수 스티치 160
장력 실험 15
주트 12
준비물 32
정경대 143–145, 163
정경대 사용 정경 138, 143–145
정경 방법 32
정경 방법 선택 138
정경 스틱 163
정경 실 막대 138–139, 163
직물 구조 32, 163
직접 정경 138–142

ㅊ
차트 읽기 32–33

ㅋ
커튼 달기 59
컬러 선택 79
코튼 리넨 혼방사 12
코튼 실 9
    노벨티 코튼 실 11
    실켓 가공 코튼 실 10
    오가닉 코튼 실 10
    재생 코튼 실 11
    천연 착색 코튼 실 10
    코튼 카펫 날실 10
    크래프트 코튼 실 11
    크로셰 코튼 실 10–11
크록브래드 패턴 135

ㅌ
태피스트리 빗 23
템플 22
트윌 22, 73

ㅍ
패턴 배치 79
패턴 조직 74
페이퍼 가이드 22
플레인 위브 32, 162
피보나치 수열 79
픽업 스틱 27–28, 162

ㅎ
합 8
합성 섬유 13
헤더 위빙 20
헤들 5, 162
헤들 구멍, 사이 칸 21
헤들 막대 29
헴 스티치 159, 162
헴프 12
황금 비율 79

옮긴이 정현진
서울여자대학교와 런던의 센트럴 세인트 마틴에서 섬유공예와 텍스타일 디자인을 공부하고, 핸드위버로 활동 중이다. 텍스타일 크래프트 스튜디오 'N1 2LL' 을 공동 운영하고 있으며, 핸드위빙 관련 수업도 진행하고 있다. 지은 책으로는 《뜨개만큼 쉬운 위빙》이 있다. http://n12ll.com

세상 어디에도 없는

홈 인테리어 위빙

초판 1쇄 인쇄 2019년 6월 27일
초판 1쇄 발행 2019년 7월 3일

지은이 리즈 깁슨
옮긴이 정현진

펴낸이 김명희
책임편집 이정은 | **디자인** 박두레
펴낸곳 다봄
등록 2011년 1월 15일 제395-2011-000104호
주소 경기도 고양시 덕양구 고양대로 1384번길 35
전화 070-4117-0120
팩스 0303-0948-0120
전자우편 | dabombook@hanmail.net

ISBN 979-11-85018-66-9 13590

이 도서의 국립중앙도서관 출판예정도서목록(CIP)은 서지정보유통지원시스템 홈페이지(seoji.nl.go.kr)와 국가자료공동목록시스템(www.nl.go.kr/kolisnet)에서 이용하실 수 있습니다.
(CIP제어번호: CIP2019020849)

HANDWOVEN HOME by Liz Gipson
Copyright ©2017 by Liz Gipson, Interweave, an imprint of F&W Media, 10151 Carver Road,
Suite 200 Blue Ash, Ohio, 45242, USA
Korean translation copyright © 2019 by Dabom Publishing
All rights reserved.
Korean translation rights are arranged with F+W Media Inc. through Amo Agency, Korea.

이 책의 한국어판 저작권은 AMO 에이전시를 통해 저작권자와 독점 계약한 도서출판 다봄에 있습니다.
저작권법에 의해 한국 내에서 보호를 받는 저작물이므로 무단 전재와 무단 복제를 금합니다.

※책값은 뒤표지에 표시되어 있습니다.
※파본이나 잘못된 책은 구입하신 곳에서 바꿔 드립니다.